I0752347

LA PRINCESSE DE BABYLONE,

OPÉRA

EN QUATRE ACTES,

Lu au Comité de l'Académie Royale de Musique, les 16 Août 1788, 24 Février 1791, et non encore représenté le Vendredi premier Avril 1791.

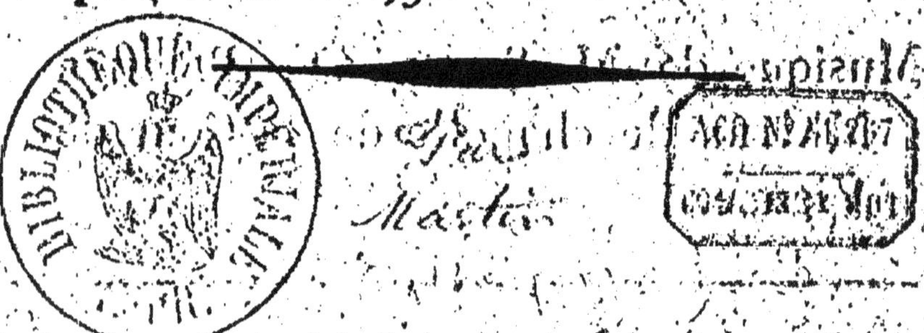

A PARIS,

Chez DENNÉ, Libraire, au Palais-Royal, passage du Perron, en face de la rue Vivienne.

De l'Imprimerie de SALLIERE, rue Thibautodé, n°. 7.

1791.

Poëme de M. MARTIN, DÉPUTÉ du commerce près l'Assemblée Nationale, MEMBRE du Club des Amis de la Constitution et CHEF de la Société Académique des Enfans d'Apollon, pour 1791.

Musique de M. SALIÉRI, PREMIER MAÎTRE de chapelle de la Cour de Vienne.

J'AVOIS oui dire à des amis de Voltaire qu'il leur avoit souvent indiqué sa PRINCESSE DE BABYLONE, l'un de ses plus ingénieux romans, comme très propre à servir de base à un grand opéra. En 1787, me trouvant à la campagne, y jouissant d'agréables loisirs, et dans cette heureuse disposition d'esprit si favorable aux ouvrages d'imagination, je me ressouvins du conseil de Voltaire. Un peu surpris que personne n'eût encore accompli le vœu de ce grand homme, à qui il a manqué, pour son bonheur et pour le notre(1), d'être très sensible aux charmes de la musique, je pris la plume et ne la quittai qu'après avoir fini l'ouvrage que j'imprime aujourd'hui.

Le 16 mai 1788, je lus cet ouvrage au comité de l'opéra, alors présidé par M. d'Auvergne, qui, après m'avoir entendu, me demanda si j'avois jetté les yeux sur quelque compositeur sur ma reponse, que j'avois envie de prier M. *Salieri* de vouloir bien s'en charger, M. d'Auvergne applaudit à cette intention et ajouta ces paroles remarquables : » Cet ouvrage est digne du spectacle de la cour. » Vous êtes jeune ainsi que M. *Salieri*, je vous conseille » à tous deux d'attendre, s'il le faut, l'époque du mariage » de MADAME ROYALE ou même de M. LE DAUPHIN. La » dépense, pour établir convenablement cet opera, une » fois faite par le roi, il est probable que nous pourrons » le donner ensuite à Paris, sans difficulté ».

Je voulus remontrer à M. d'Auvergne que la dépense, dont il s'effrayoit mal-à-propos, ne seroit pas aussi considérable qu'il se l'imaginoit, je ne pus parvenir à le persuader, ce qui dès-lors me fit croire que son objection n'étoit qu'un prétexte, pour refuser un ouvrage, auquel il étoit peut-être difficile de faire quelque reproche bien fondé. Dans le doute, c'étoit agir prudemment

(1) Si Voltaire avoit aimé passionément la musique, il auroit enrichi notre Théatre Lyrique de productions d'autant mieux senties, qu'il se seroit plu lui-même à les établir avec soin, et à s'entendre applaudir, chanter et déclamer tout à la fois, etc.

que de suivre le conseil qu'il m'avoit donné, et j'envoiai, en conséquence, mon Poëme à M. *Salieri*, à Vienne. On verra, par les lettres de ce grand artiste, jointes aux notes qui sont à la fin de cette brochure, avec quel plaisir et quel empressement il se chargea de mettre en musique cet ouvrage. J'avoue que je ne doutai plus alors que nous ne parvinssions à le voir adopter par l'opéra de Paris et à lever les objections de M. d'Auvergne ; mais la suite de ma correspondance avec M. *Salieri* prouvera que nous avions plus d'un opposant à combattre.

M. Lasalle, secrétaire du comité de l'opéra, profita, je ne sais par quel motif, des rapports et de la facilité que lui donne cet emploi ; pour intriguer et cabaler contre ma malheureuse *Princesse*. Ce qu'il y a d'étonnant, c'est que la révolution qui a amené la destruction de la Bastille, renversé toutes les aristocraties, n'a point encore atteint le despotisme qui semble s'être retranché dans le secrétariat de l'académie royale de musique, comme dans un fort impénétrable. Qui croiroit que les perturbateurs du repos des auteurs en 1788, y dominent encore en 1791!

Il est tems, sans doute, de terminer une discussion qui subsiste depuis trois ans, et de juger enfin si M. *Salieri* et moi avons raison d'interjetter appel d'une sentence qui annéantit un de nos enfans chéris. Aussi, j'espère, de la publicité donnée à cet ouvrage, que s'il est tel que nous le croyons, digne d'être établi au Théâtre Lyrique, il le sera nonobstant toute cabale ; car il est juste, dans ce cas, que M. *Saliéri* jouisse du fruit de ses travaux, entrepris dans l'espoir très-fondé de faire un ouvrage qui puisse être comparé aux *Danaïdes*, à *Tarare*, et aux chef-d'œuvres de nos meilleurs compositeurs. Si, au contraire, je me suis trompé ainsi que M. *Saliéri*, la sentence de M. Lasalle que l'on trouvera dans sa lettre du 11 mars 1791, rapportée à la fin de cette brochure, sera confirmée et alors M. *Saliéri* et moi, convaincus que nous sommes bien jugés, nous en conviendrons de bonne foi.

Nous prions, en conséquence, nos juges de vouloir bien revoir avec quelque attention les pièces du procès, lesquelles je ne fais imprimer qu'afin de pouvoir les leur distribuer, seul moyen de les éclairer suffisamment sur le jugement définitif qu'ils ont à porter dans cette affaire.

AVANT-PROPOS.

Lu au comité de l'Opéra, le 24 Février 1791.

MESSIEURS, à la lecture d'un Poëme d'Opéra, on juge aisément le sujet, le plan, la coupe de l'ouvrage et la versification, quatre points très-importans sans doute; mais il en est d'autres qui, au théâtre, ne le sont pas moins, savoir : la musique, les ballets, les décorations, le nombre des personnages à employer et les dépenses à faire, toutes choses qui doivent contribuer pour beaucoup à faire recevoir ou rejetter un Poëme. Afin d'éclairer parfaitement votre jugement sur l'ensemble de mon drame et sur les détails, j'ai donc cru devoir prendre la peine de l'analiser, de le disséquer dans toutes ses parties, en y joignant des notes historiques, critiques et explicatives, très-soignées et très-approfondies.

Je me propose, MESSIEURS, de vous lire ces notes à la suite de ce Poëme. L'effet qu'elles ont produit sur M. SALIERI, sur Mme. SAINT-HUBERTI et autres artistes célèbres à qui je les ai communiquées, me donne lieu d'espérer que vous ne regretterez pas tout-à-fait les courts instans que vous passerez à les entendre. Comme ici nous n'avons ni ouverture, ni décoration, ni personnages, ni costumes, aucune illusion, aucune réalité; en un mot nul prestige qui prévienne notre esprit et nos sens, comme l'ouvrage que j'ai l'honneur de vous présenter est un des plus riches qui existe par le fond, quoiqu'arrangé de manière à être peu dispendieux pour l'exécution, j'insiste sur la lecture des notes comme étant essentielles pour nous familiariser avec les personnages, que vous apprécierez bien mieux quand vous serez instruits de leur origine et de leurs mœurs. Ces notes vont donc nous servir, les unes de prologue et d'introduction, les autres nous feront connoître : 1°. Les principaux effets que l'on doit attendre de la musique. 2°. Les variantes prévues ou à prévoir qu'il sera possible d'adopter pour le plus grand avantage du Poëme; et enfin tous les changemens, modifications et innovations qui seront dans le cas de concourir au succès d'un ouvrage, que Voltaire jugea digne des beaux développemens et de la pompe de notre Théâtre Lyrique.

ACTEURS et ACTRICES

CHANTANS DANS LES CHOEURS.

CÔTÉ DE LA REINE.		CÔTÉ DU ROI.	
Mesdemoiselles.	*Messieurs.*	*Mesdemoisel.*	*Messieurs.*
Emil. Gavaudan.	Martin.	Courneuve.	Rey.
Leclerc.	Legrand.	Manthe.	Le Coq.
Dubuisson.	Poussez.	Launer.	Chapelot.
Rouxelin.	Duplessier.	Macker.	westminster.
Garrus.	Touvoys.	Beaumont.	
Sanctus.	Pingat.	Davide.	
Delaigle.	Delboy.	Desmarais.	Tacusset.
Gouémelle.	Cavallier.	Marinville.	Leroux, 1.
Ballassé.	Moulin.	Clozet.	De Lori.
Valdée.	Jouve.	Mézière.	Bouvard.
Gambais.	Duchamp.	Duchesne.	Joinville.
	Débeirk.		Rouen.
	Bourbier.		Chevrier.
	Ramey.		Le Roux, 3e.

PERSONNAGES DANSANS.

Ier. Acte.

BABYLONIENS.

M. Laborie.

Mlle. Colombe. Mlle. Simon, cadette.

Huit Figurans . . . et . . . huit Figurantes.

IIme. Acte.

ÉGIPTIENS.

M. Laurent. M. Goyon.

Quatre Figurans . . . et . . . quatre Figurantes.

IIIme. Acte.

	ÉGIPTIENS.	INDIENS.	SCYTHES.	GANGARIDES.
MM.	Laurent.	Nivelon.	Gardel.	Vestris.
Mles.	Pérignon.	Coulon.	Saulnier.	Miller.

Seize Figurans . . . et . . . . seize Figurantes.

IVme. Acte.

	CHEVALIERS BABYLONIENS ET LEURS DAMES.		SCYTHES.	GANGARIDES.
	Mlle. Rose.			
MM.	Goyon.	Frédéric.	Gardel.	Vertris.
Mlles.	Duvaly.	Chavigny.	Saulnier.	Miller.

Seize Figurans . . . . . et . . . seize Figurantes.

L'AMOUR et ses *suivans*.

ACTEURS.

Bélus, *roi de Babylone.*	*M. Chardini.*
Formosante, *fille de Bélus.*	*Mlle. Maillard.*
Le Pharáon d'Egypte.	*M. Laïs.*
Le Sha des Indes.	*M. Rousseau.*
Le Kan des Scythes.	*M. Chéron.*
Amazan, *fils du roi des Gangarides.*	*M. Lainez.*
Un Grand Prêtre.	*M. Adrien.*
Aldée, } *confidentes de la princess.*	*Mlle. Girardin.*
Irla, }	*Mlle. Josephine.*
Le Dieu Sérapis.	*M. Dufresne.*
Un Officier commandant les troupes de Bélus.	*M. Moreau.*
Un Hérault d'armes.	*M. Martin.*
Une Egyptienne.	*Mad. Pontheuil.*
Un Indien.	*M. Lefevre.*
Une Indienne.	*Mlle. Audinot.*
Un Guerrier Scythe.	*M. Dufresne.*
Un Berger Gangaride.	*M. Renaud.*
Une Bergère Gangaride, Ire.	*Mlle. Gavaudan, l.*
Une Bergère Gangaride, 2de.	*Mlle. Gavaudan, c.*
Un Coriphée *courtisan de Bélus.*	*M. Lefevre.*
Un Coriphée Babylonien.	*M. Renaud.*

Prêtres de Sérapis.
Courtisans et Pages de Bèlus.
Suite du Pharaon d'Egypte.
Suite du Sha des Indes.
Suite du Kan des Scythes.
Peuple de Babylone.
Gardes de Bélus.
Prêtres d'Osiris.
Magiciens et Magiciennes.
Chevaliers Babyloniens et leurs Dames.
Bergers et Bergères Gangarides.
L'Amour et sa suite.

La scène est à Babylone.

LA

LA PRINCESSE DE BABYLONE.

ACTE PREMIER.

Le théâtre représente le temple de Sérapis, au milieu duquel on voit l'autel et la statue du Dieu. (1re, note essentielle à lire. --- Voyez à la fin du Poëme.)

SCÈNE PREMIÈRE.

LE GRAND PRÊTRE, PRÊTRES, LE PEUPLE.

CHOEUR (2).

Toi qui protéges ce rivage, (*)
Dieu puissant écoute nos voeux,
D'un monstre affamé de carnage,
Délivre un peuple malheureux!

LE GRAND PRÊTRE.

O divin Sérapis exauce leur priere,
Prends pitié de ton peuple, appaise ton courroux,
A la rage du monstre, à sa dent meurtrière,
Grand Dieu veux-tu nous livrer tous?

(*) Dans le Roman Philosophique qui sert de base à cet Opéra, Voltaire dit que le palais de Bélus, situé à quelques parasanges de Babylone, s'étendoit entre l'Euphrate et le Tigre, qui baignoient ces rivages enchantés, etc.

CHOEUR.

Toi qui protéges . . . etc.

UN CORIPHÉE, *au grand prêtre.*

Babylone à périr est-elle condamnée ?
Depuis un an, chaque journée
Entraîne chez les morts, nos parens, nos amis !

LE GRAND PRÊTRE.

(3) Sur votre sort, hélas, comme vous je gémis
Cent fois j'ai consulté l'oracle redoutable ;
Mais devenu muet, inexorable,
Comme autrefois il ne m'inspire plus.
Cependant cette nuit, dans un songe effroyable,
J'ai vu le grand prêtre Oylus,
Tel qu'au moment où frappant la victime,
Le sang à gros bouillons par ses mains répandu,
Forma le monstre affreux né pour punir le crime.
Parmi les flots d'un peuple, interdit, éperdu,
Le dragon furieux entraînoit le grand prêtre,
Et soudain avec lui, je l'ai vu disparoître,
Quand Sérapis sur son char radieux,
Parut au même instant. De la voute des cieux,
Je l'entends s'écrier : » Périsse le perfide,
» Périsse l'infame Oylus,
» Qui cachant dans son cœur un dessein parricide,
» Conspire pour monter au trône de Bélus !
» Périssent avec lui ses coupables complices !
» Je te les livre, monstre, et que leurs longs supplices,
» En remplissant Babylone d'effroi,
» Assurent pour jamais la couronne à son roi. »

LE CHOEUR.

O crime, ô forfait incroyable !
Hâte-toi de punir ces lâches assassins,
Mais distingue, grand Dieu, l'innocent du coupable,
Et prends pitié de nos destins !

LE GRAND PRÊTRE.

(4) Bientôt le roi va se rendre en ce temple,
A ses sujets il vient montrer l'exemple ;

Renonçant aux plaisirs d'une brillante cour,
Aux pieds des immortels il veut passer ce jour :
Accablé comme nous, plaignant notre misère,
Peut-être il fléchira la céleste colère.
Cent ans sont écoulés, ô puissant Sérapis,
Depuis ce jour fameux où ton fils Anubis,
Te consacra ce sanctuaire.
Qu'en cette fête séculaire,
Embrasé de ton feu divin,
Ma bouche annonce tes oracles :
Qu'elle prédise les miracles,
Qui de ce peuple entier vont changer le destin!

Ministres de nos Dieux, qu'un même zèle anime,
Allez, sur cet autel, apportez la victime.

QUATUOR chanté par les Coriphées.

(5) Grand Dieu dont les bienfaits fertilisent nos champs,
Daigne entendre la voix d'un peuple qui t'adore !
Réunis dans ton temple, au lever de l'aurore,
Reçois de tes enfans
Les tristes sacrifices!
Des fruits de nos vergers accepte les prémices!
La mort hélas, nous poursuit en tous lieux ;
Délivre-nous d'un monstre furieux!

Tout le CHOEUR *répète.*

La mort, hélas, nous poursuit en tous lieux;
Délivre-nous d'un monstre furieux!

(De jeunes garçons et de jeunes filles apportent en dansant, des corbeilles de fleurs et de fruits, tandis que les prêtres s'occuppent à parer l'autel.)

LE GRAND-PRÊTRE *aux autres prêtres.*

(6) Des dons de Flore et de Pomone,
Les habitans de Babylone,
Décorent ces sacrés lambris.
Etalons, à leurs yeux surpris,
Le présent magnifique,
Que Bélus aujourd'hui doit présenter au Dieu.
Ministres des autels, prêtres de ce saint lieu,

Enflammés comme moi de l'esprit prophétique,
Du Dieu que nous servons, par un nouveau cantique,
Pour tout ce peuple implorons les faveurs;
Que ce grand jour termine ses malheurs!

(*Les prêtres apportent la victime, les présens de Bélus; le trépied, l'encens*).

CHOEUR DE PRÊTRES.

Préside à nos mistères
Toi que nous adorons,
Accorde à nos prières
Ce que nous desirons!

SCÈNE SECONDE.

BÉLUS, LE GRAND PRÊTRE, PRÊTRES, COURTISANS ET PAGES DE BÉLUS, LE PEUPLE.

BÉLUS.

(7) Apis avec bonté reçoit-il mon offrande?
M'accorde-t-il enfin ce que je lui demande?

LE GRAND PRÊTRE.

Espérez tout, seigneur,
Celui qui des méchans sait punir les offenses,
Aux vertus de Bélus promet des récompenses,
Il veut vous épargner en ce commun malheur:
Le calme va bientôt renaître en votre empire.

BÉLUS.

Au nom du dieu qui vous inspire,
Apprenez-moi ses suprêmes décrets;
Sur le sort de mon peuple éclairez ma tendresse:
Vous qui de l'avenir pénétrez les secrets,
De ce coeur paternel, bannissez la tristesse.

LE GRAND PRÊTRE.

Pour fléchir Sérapis, offrez-lui vos présens.

BÉLUS.

Sur cet autel sacré faites fumer l'encens.

BÉLUS ET LE GRAND PRÊTRE.

Daigne agréer cet humble sacrifice ;
O dieu, sois-nous propice !

(Les prêtres mettent les vases sur l'autel. On fait brûler l'encens à diverses reprises. Le grand prêtre consulte les entrailles de la victime.)

CHOEUR.

Du haut du firmament,
Contemple en ce moment,
Ce peuple qui t'adore,
Puissante déité,
Au grand roi qui t'implore
Apprends la vérité !

UN CORIPHÉE *de la suite de Bélus.*

Sur son front la majesté brille,
Dieu juste adoucis ses chagrins,
De nous, de son auguste fille,
Apprends-lui quels sont les destins !

BÉLUS.

Air :

Dieu protecteur de ce rivage,
De mon peuple reçois l'hommage !
Daigne lui rendre enfin le calme et le bonheur !
De mon coeur abattu relève le courage,
Ecarte loin de nous le carnage et l'horreur ;
Préserve-nous de tout malheur,
A la rage du monstre, aux fureurs de Bellone,
Ne livre jamais Babylone !

CHOEUR.

Du haut du firmament. . . . . etc.

(La statue de Sérapis s'émeut. La terre tremble. Les éclairs se succèdent rapidement. On entend gronder le tonnerre. Des feux souterrains se manifestent au tour de la statue.)

LE GRAND PRÊTRE.

(8) Vos voeux sont accomplis ! je sens trembler la terre ;

L'enfer mugit, et des cieux
J'entends l'affreux tonnerre.
Quel spectacle s'offre à mes yeux?
Quel pouvoir inconnu vers cet autel m'attire!
Mais d'un nuage épais tout ce temple est couvert.
Quel dieu puissant m'inspire.
Le livre des destins à mes yeux est ouvert.

(Le tonnerre redouble.) Le peuple se prosterne pour entendre la prophétie.

» Heureuse Babylone, un héros invincible
» S'arme aujourd'hui pour toi.
» Il te délivrera de ce monstre terrible,
» Qui cause ton effroi;
» Et d'une main hardie,
» L'arc de Nembrod sera tendu par lui.
» Heureuse Babylone, ô sort digne d'envie,
» Tous tes malheurs finissent aujourd'hui!
» De ce combat Formosante est le gage,
» De l'himen subissant la loi
» Pour prix de son courage
» Le vainqueur recevra sa foi.

(Le tonnerre gronde. Le PEUPLE *se relève et s'écrie confusément.)*

O joie inatendue!
Quelle félicité! quelle grace imprévue!
Il n'est point de plus grand bonheur,
Les dieux appaisent leur fureur!

CHŒUR.

Bannissons la sombre tristesse,
Un héros vient nous secourir,
Livrons-nous tous à l'allégresse,
Le monstre cruel va périr!
Banissons la sombre tristesse,
Un héros vient nous secourir!

(9) *On danse.*

BÉLUS.

(10) Quand les dieux à vos vœux propices,
Daignent combler tous vos souhaits,

Peuple, il faut par des sacrifices,
Mériter de si grands bienfaits.
Vous, pontife inspiré par un Dieu tutelaire,
Vous dont l'auguste ministère,
Est de dévoiler l'avenir,
Sur cet oracle obscur, ah! daignez m'éclaircir:
Quel est cet étranger, ce hèros magnanime,
Qui, par un effort sublime,
Tendra cet arc mistérieux,
Que Nembrod en mourant fit consacrer aux dieux?

LE GRAND PRÊTRE.

Seigneur, je l'ignore moi-même,
Et je ne connoîtrai ce mortel courageux,
Qu'en ceignant sur son front l'auguste diadême.
Telle est des dieux la volonté suprême.
Quand leur bonté sauve un peuple allarmé,
Que t'importe, Bélus, quel bras ils ont armé?
Tu l'as entendu, Prince, et dans cette journée,
Je dois tout préparer pour un grand himenée;
Crains d'irriter les dieux par des retardemens.

BÉLUS.

Oublions leur colère en ces heureux momens;
Ne songeons qu'à jouir de nos destins propices,
Continuez vos pompeux sacrifices.
Je partage avec vous notre commun bonheur;
Mais puisque Formosante est le prix du vainqueur,
Je vais sur cet hymen la pressentir moi-même.
Ah! ma fille, pour toi ma tendresse est extrême.
Hélas! quand du destin tu vas subir la loi,
Puisse-tu rencontrer un coeur digne de toi!

SCÈNE TROISIÈME.

LE GRAND PRÊTRE. PRÊTRES. LE PEUPLE.

LE GRAND PRÊTRE.

(11) Peuple, Prêtres, chantez la gloire
Du Dieu qui veut nous sauver tous;
Pour célébrer cette victoire,
Formez les concerts les plus doux.

CHOEUR.

De Sérapis chantons la gloire,
C'est lui qui veut nous sauver tous;
Pour célébrer cette victoire,
Formons les concerts les plus doux.

UN CORIPHÉE.

Le ciel exauçant nos prières,
A mis un terme à nos misères,
Un héros vient sécher nos pleurs,
Oublions toutes nos douleurs.

UN AUTRE CORIPHÉE.

O toi dont le bras invincible
Va combattre un monstre terrible,
Sans doute à ta rare vertu
Cet étonnant triomphe est dû!

LES DEUX CORIPHÉES *ensemble.*

Mortel au dessus du vulgaire,
Quand tu rends tout un peuple heureux,
Quand Formosante est ton salaire,
Puisse-tu combler tous ses voeux!

CHOEUR.

De Sérapis chantons la gloire,
C'est lui qui veut nous sauver tous;
Pour célébrer cette victoire,
Formons les concerts les plus doux.

(*Pendant cette scène le* CHOEUR *de danse forme des quadrilles, et les* CORIPHÉES *dansent autour de la statue de Séparis.*)

LE GRAND PRÊTRE.

Suspendez vos chants d'allégresse,
Adressez-les à l'Envoyé des dieux:
Allez, qu'auprès de lui chacun de vous s'empresse,
Il ne doit pas tarder à paroître en ces lieux.

Fin du premier Acte.

ACTE SECOND.

ACTE SECOND.

Le Théatre représente une Esplanade qui tient à la premiere cour du palais de Bélus. A droite, on voit un arc de triomphe qui mene au palais. Aux deux côtés de l'arc de triomphe, sont des grilles magnifiques qui ferment la premiere cour du palais. A gauche, sont différentes avenues plantées d'arbres, qui aboutissent à l'esplanade. Le fond du théatre offre un côteau riant, qui, par une pente douce, vient aussi aboutir à l'esplanade.

SCENE PREMIERE.

GARDES DE BÉLUS, UN OFFICIER COMMANDANT. UNE PARTIE DU PEUPLE *qui étoit dans le temple au premier acte.*

(*L'orchestre joue une marche militaire pour l'entrée des troupes.*)

L'OFFICIER BABYLONIEN.

(12) ILLUSTRES compagnons, nobles soutiens du throne,
Soyez-en aujourd'hui la splendeur et l'éclat.
Vous savez qu'un héros, bientôt dans Babylone,
Vient, par l'ordre des dieux, pour sauver cet état.
Vous briguiez cet honneur, son sort vous fait envie;
Moi même en y perdant la vie,
J'aurois cru peu payer un triomphe si beau:
Je descendois content dans la nuit du tombeau;
Mais l'oracle a parlé, les destins de l'Asie
Dépendent maintenant de ce jeune héros;
Accueillons-le sans jalousie,
Qu'il trouve en nous de généraux rivaux.
Rendons-lui les honneurs que l'on doit au courage.
Préparons-nous, amis, car déja du rivage, (31)
On entend les signaux.

(*Evolutions militaires qui sont interrompues par l'arrivée du Hérault d'armes.*)

SCÈNE SECONDE.

LES ACTEURS PRÉCÉDENTS. UN HÉRAULT D'ARMES.

LE HÉRAULT.

O ciel, qui l'eut pu croire,
Et quel événement!
Le Pharaon d'Egipte arrive en ce moment.

L'OFFICIER.

Le pharaon d'Egipte. . . . . Espérance illusoire!
Eh quoi, ce prince foible et superstitieux,
Pourroit-il moissonner les lauriers glorieux
Qui sont le prix de la victoire?

LE HÉRAULT.

Son cortége s'avance, et l'on voit près de lui,
Ses mages, ses devins, de son thrône l'appui.

SCENE TROISIÈME.

Les Acteurs précédents. LE PHARAON D'ÉGYPTE. PRÈTRES D'ISIS. MAGICIENS ET MAGICIENNES.

Le Pharaon arrive sur un char traîné par des esclaves, suivi de plusieurs prêtres en robes de lin, et précédé de magiciens qui dansent en faisant mille ridicules contorsions.

LE PHARAON.

(13) ISIS a protégé ma pénible entreprise.

L'OFFICIER.

L'oracle nous pprend quel dieu vous favorise.

LE PHARAON.

Air:

Voici le séjour enchanté,
Qu'habite ma belle Princesse:
Amour, dieu de la volupté,
Fais-lui partager mon ivresse!

Que triomphant de mes rivaux,
Je plaise seul à Formosante!
Ah! pour former de nœuds si beaux,
Amour, viens remplir mon attente!
Voici le séjour, ... etc.

LE HÉRAULT.

Un peuple accablé de douleur,
Attend de vous, Seigneur, la fin de sa misère.

LE PHARAON.

Parlez, Braves Guerriers, pour vous que puis-je faire?

LE HÉRAULT.

Nous comptons sur votre valeur,
pour purger ce pays d'un monstre épouvantable.

LE PHARAON.

Comment?

L'OFFICIER.

Quoi Prince, ignorez-vous
Que dans ce jour à jamais mémorable,
C'est vous seul qui nous sauvez tous.

LE PHARAON.

Qu'entends-je? se peut-il . . . . .

L'OFFICIER.

La main de la Princesse
Est à ce prix: tel est l'ordre des Dieux.

LE PHARAON.

J'ignorois cet oracle, et ma seule tendresse
M'amenoit en ces lieux.
O ciel! en cet instant, quelle terreur m'agite!
Je trompois deux rivaux qu'un même amour excite,
Et Formosante est le prix du vainqueur!
O désespoir, ô comble de douleur!
Quand je crois terminer cette auguste alliance,
Un oracle fatal trahit mon espérance.

Air:

(14) Infidèle à l'honneur, je perds tout en ce jour;
Je jure à mes rivaux de vaincre ma tendresse,
Et n'écoutant qu'un fol amour,
Je trahis mes sermens et manque à ma promesse.
Au choix de la Princesse,
Avec eux je devois m'offrir;
Hélas! je n'ai plus qu'à mourir,
Pour survivre à ma honte et cacher ma foiblesse.

(*On entend un grand bruit.*)

LE HÉRAULT.

Quel bruit! d'où partent ces clameurs?

LE PHARAON.

Le Roi des Indes, ciel! quel surcroit de malheurs!

SCÈNE QUATRIÈME.

Les Acteurs précédens. L'EMPEREUR DES INDES ET SA SUITE.

L'Empereur des Indes est monté sur un Eléphant blanc, suivi de nombre d'autres Eléphants, portants des présents pour le Roi de Babylone et pour la Princesse.

L'EMPEREUR *au Pharaon.*

(15) Par un avis secret, j'ai su votre voyage,
Vous vouliez me tromper, et vous ne pensiez pas

Que je pusse sitôt arriver sur vos pas,
Prince, vous m'entendez ; vous savez que l'outrage
Entre nous . . . . . .

LE PHARAON.

Oui, je sais quel est votre projet.
De vos vœux empressés Formosante est l'objet ;
Mais apprennez, Seigneur, quelle est sa destinée.
Formosante aura pour époux,
Celui qui dans cette journée,
Fera tomber le monstre sous ses coups.

L'EMPEREUR DES INDES.

Seroit-il vrai, grands Dieux ?

L'OFFICIER BABYLONIEN ET LE HÉRAULT D'ARMES.

Oui, nous le jurons tous.

L'EMPEREUR DES INDES.

Air :

(16) L'espoir anime mon courage,
Protége moi, Dieu des combats.
O monstre, je brave ta rage,
Je jure aujourd'hui ton trépas.

Combien ce triomphe a de charmes !
Je sens accroître mon ardeur,
Quand c'est au succès de mes armes
Que je puis devoir mon bonheur.
L'espoir anime . . . . etc.

LE PHARAON.

Moderez ces transports et ces cris de victoire.

L'EMPEREUR DES INDES.

Qui pourroit m'empêcher de voler à la gloire ?

LE PHARAON.

Vous ne serez point seul dans les champs de l'honneur.

L'EMPEREUR DES INDES, *ironiquement.*

Prince, on connoit votre valeur.
J'ignore si c'est vous que l'oracle désigne,
Mais je prétends à cette grace insigne.
Le roi des Scythes vient; il y prétend aussi;
C'est un rival de plus que vous voyez ici.

SCÈNE CINQUIÈME.

LES ACTEURS PRÉCÉDENTS. LE ROI DES SCYTHES ET SA SUITE.

Le Roi des Scytes vêtu d'une peau de Tigre superbe, est porté sur un pavois orné de trophées et de faisceaux, suivi d'un petit nombre de guerriers robustes, armés d'arcs et de flèches.

L'EMPEREUR DES INDES *allant au devant du Roi des Scythes.*

(17) Le sort est juste, Prince.....

LE ROI DES SCYTES *regardant le Pharaon.*

Il confond un parjure.
Je dois tout à votre amitié:
Par votre ambassadeur informé de l'injure,
Je venois pour punir un perfide allié,
Mais j'apprends que l'oracle à nos vœux favorable,
Nous venge assez d'un monarque coupable.

LE PHARAON.

Cessez ce superbe discours.
Je hais autant que vous les perfides détours;
Mais j'aime avec transport; l'affreuse jalousie
S'emparant de mon cœur empoisonna ma vie;
Mon amour fit mon crime, et mes remords cruels
Me rappelloient en vain nos sermens mutuels,
Quand jurant avec vous, qu'aux yeux de la Princesse
Je ne m'offrirois pas sans vous en prévenir;

Non, je n'éprouvois pas cette brûlante ivresse,
Dont le destin barbare a voulu me punir.

L'EMPEREUR DES INDES.

Etrange aveuglement! . . . . . .

LE ROI DES SCYTHES.

Quel excès de foiblesse!

LE PHARAON.

Ainsi règne l'amour sur mes sens éperdus.

L'EMPEREUR DES INDES.

L'amour dans les grands cœurs enfante les vertus.

LE ROI DES SCYTHES.

(18) Tel que l'astre du jour parcourant sa carrière,
Eblouit tous les yeux de sa vive lumière,
Telle on vit Formosante, en cent climats divers,
Par l'ordre des destins parcourant l'Univers,
Soumettre tous les cœurs au pouvoir de ses charmes.

LE PHARAON *à part.*

(19) Chaque mot en mon ame augmente mes allarmes.

LE ROI DES SCYTES.

Air.

Brillez, jour glorieux, le plus beau de mes jours,
Himen, amour, que ton flambeau l'éclaire,
Qu'à jamais je puisse plaire,
Puisque je sens que j'aimerai toujours!
Le monstre va tomber sous l'effort de mes armes,
Mirthé amoureux, croissez près des lauriers,
L'amour est le prix des guerriers,
Et la gloire en a plus de charmes.

Les trois ROIS *répetent ensemble.*

Le monstre va tomber. . . . . etc.

L'EMPEREUR DES INDES *au Peuple.*

Vous que le ciel console après de si grands maux,
Venez, soyez témoins de nos nobles travaux.

Sonnez trompette, organe de la gloire,
Sonnez, annoncez la victoire!

Les trois ROIS *répètent.*

Vous que le ciel console. . . . . etc.

CHOEUR DU PEUPLE.

Nous que le ciel console après de si grands maux,
Allons, soyons témoins de leurs nobles travaux.
Sonnez, trompette, organe de la gloire,
Sonnez, annoncez la victoire!

Pendant le chœur, un Officier sortant du palais de Bélus *s'avance, et par un jeu muet, il exprime aux trois Rois l'ordre qu'il a reçu de les introduire dans le palais. Alors défilent 1°.* Une *compagnie de Babyloniens, leur officier à la tête. 2°. Les Eygptiens, leur Pharaon sur son char. 3°* Une *seconde compagnie de* Babyloniens. *4°: L'Empereur des* Indes *sur son éléphant, suivi de tous les autres éléphans. 5°.* Une *troisième compagnie de* Babyloniens. *6°. Le Roi des Scythes porté sur son Pavois suivi de ses guerriers. 7°.* Une *quatrième compagnie de* Babyloniens *et le Peuple.* Tous *entrent en foule dans le palais de* Bélus, *en passant sous l'arc de triomphe qui y conduit.*

Fin du second Acte.

ACTE TROISIÈME.

Le Théâtre représente la Galerie du Palais des Rois de Babylone.

SCÈNE PREMIÈRE.

FORMOSANTE, IRLA.

FORMOSANTE.

(20) JE puis gémir enfin, déplorer mon malheur.
Connois, ma chere Irla, les tourments de mon cœur.
J'ai dû cacher mes pleurs à mon généreux Pere;
Ce n'est pourtant qu'en lui que Formosante espère.
Tu sais que Sérapis appaisant son courroux,
Du destin, sur moi seule, appesantit les coups.

Air :

Pardonne au trouble qui m'accable,
Tu vois l'excès de ma douleur,
En quoi, Grand Dieu, suis-je coupable,
Pour mériter tant de rigueur?

Apprends-moi quelle est mon offense,
Dieu puissant, ne m'épargne pas;
Si j'ai mérité ta vengeance,
Ordonne aujourd'hui mon trépas.
Pardonne. . . . etc.

IRLA.

Dans quel égarement, votre amour vous entraîne!

FORMOSANTE.

Oui j'aime, et ma mort est certaine;
S'il faut qu'en ce malheureux jour,
Au salut de l'état j'immole mon amour.
Filles des rois, notre sort fait envie,
Que nous payons bien cher les honneurs souverains!

Nous recevons l'encens du reste des humains,
Et c'est pour eux que l'on nous sacrifie!

IRLA.

Calmez ce sombre désespoir.

FORMOSANTE.

Eh, qui peut de l'amour balancer le pouvoir!
Sans ce fatal voyage ordonné par l'oracle,
A mon bonheur, seroit-il quelque obstacle?
Je n'aurois jamais vu ces rois,
Me fatiguant d'une vaine louange,
Aspirer à me plaire et briguer tous mon choix.
Je n'aurois jamais vu, sur les rives du Gange,
Le superbe Amazân, ce héros vertueux,
De l'amour dans mon cœur allumant tous les feux.
Avec quel charme il peignoit sa tendresse!

IRLA.

Quel souvenir! quelle est votre foiblesse!
Oubliez, s'il se peut, un héros trop charmant.

FORMOSANTE.

Que dis-tu? quel pressentiment
Tout à coup s'offre à ma pensée!
Le ciel me punit-il d'une ardeur insensée?
N'aurois-je pas dû croire aux sermens solemnels
Que me fit Amazan au nom des immortels?
Je le vois, je l'entends encore
S'écrier: « O toi que j'adore,
» Règne sur Amazan, sois son souverain bien,
» Que l'hymen à ton sort joigne ma destinée!
Je brûlois comme lui de former ce lien,
Mais, ô Princesse infortunée,
Au lieu d'obéir à l'amour,
Il me fallut quitter un dangereux séjour.

SCÈNE SECONDE.

FORMOSANTE. IRLA. ALDÉE.

ALDÉE.

(21) Cessez, belle Princesse
De vous livrer à la douleur,
L'intrépide Amazan va bannir la tritesse,
Qui depuis si lon-gtems consumoit votre cœur.

FORMOSANTE.

Qu'entends-je ! Et par quel prodige
Amazan vient-il en ces lieux ?
Ah, si ce n'est point un prestige,
Grands Dieux, qu'il paroisse à mes yeux !

ALDÉE.

Il arrive, Madame, et sa seule présence
Semble intimider ses rivaux.
Chacun admire en lui cette noble assurance,
Ce port majestueux qui décèle un Héros.

SCÈNE TROISIÈME.

FORMOSANTE. IRLA, ALDÉE. AMAZAN.

AMAZAN.

O jour cent fois heureux ! O moment plein de charmes!

FORMOSANTE.

Les Dieux, cher Amazan, ont vu couler mes larmes.

AMAZAN.

Enfin, mes vœux sont exaucés !
Sans cesse mes soupirs vers le ciel élancés,
Accusoient des destins la rigueur inflexible.
(22) Je confiois ma peine à cet ami sensible,

A ce Phœnix, être surnaturel,
Chéri par les Dieux même; et comme eux immortel.
Par sa suprême intelligence,
Il sait de l'avenir penétrer les secrets;
M'assurant de votre constance,
Il charmoit mes ennuis et calmoit mes regrets,

FORMOSANTE.

Combien je dois à cet ami fidéle!

AMAZAN.

Il a conduit mes pas, et me prouvoit son zéle,
» Ami, me disoit-il, le bonheur de Phœnix
» Du bonheur d'Amazan devient inséparable.
» A ta Princesse incomparable,
» Je veux unir ton sort: j'en jure par le Stix!
» Je saurai vaincre les obstacles,
» Qui s'opposeroient à tes vœux.
» Volons vers Babylone où la voix des oracles
» Va fixer nos destins en ce jour glorieux. »

(23) *Duo.*

FORMOSANTE.

Ah! livrons-nous à l'espérance;
Phœnix a su nous réunir.

AMAZAN.

Après une cruelle absence,
Qu'il est doux de s'entretenir!

FORMOSANTE.

Dans ces épanchemens que mon ame est ravie!

Ensemble.

Jouissons du bonheur où l'amour nous convie.

AMAZAN.

Que nos deux cœurs l'un de l'autre contens,
Exhalent des transports retenus trop long-tems

Ensemble.

Oui, livrons-nous à l'espérance;
Phœnix a su nous réunir,

Après une cruelle absence,
Qu'il est doux de s'entretenir !

SCÈNE QUATRIÈME.

LES PRÉCÉDENS. BÉLUS.

BÉLUS.

(24) PRINCE, de vos rivaux craignez la vigilance ;
A leurs jaloux soupçons opposez la prudence.
Qu'ils ignorent sur-tout cet entretien secret.

AMAZAN *à Formosante.*

Il faut donc vous quitter !

BÉLUS.

Je l'ordonne à regret,
Mais avec eux bientôt vous allez réparoître.
Gardez-vous de faire connoître
Que ma fille à vos vœux fut promise autrefois.
Avec ces Rois puissans rendez-lui votre hommage.
Aujourd'hui Formosante est le prix du courage,
Montrez vous digne de son choix.

AMAZAN.

Air :

(25) Suivant des Dieux l'ordre suprême,
Je vais rendre, Seigneur, le calme à vos Etats.
Rien ne peut m'effrayer en ce péril extrême,
Une force invincible animera mon bras.

En combattant pour ce que j'aime
J'affronterois mille trépas,
J'immolerois mes rivaux même,
Pour posséder autant d'appas.
Suivant des Dieux . . . . . . etc.

SCÈNE CINQUIÈME.

BÉLUS. FORMOSANTE. ALDÉE. IRLA.

BÉLUS.

J'ADMIRE ce noble courage.
Cette forté, ma Fille, est un heureux présage.

FORMOSANTE.

(26) Par sa présence il calmoit un effroi,
Que maintenant je ressens malgré moi.

Duo.

BÉLUS.

Bannis la crainte et la tristesse,
Bannis une vaine terreur,
Son bras joint la force à l'adresse.
Crois qu'Amazan sera vainqueur.

FORMOSANTE.

En vous seul Formosante espère,
Si dans ce combat incertain,
La fortune à nos vœux contraire
Favorisoit une autre main.

BÉLUS.

Repose-toi sur ma tendresse
Du soin de faire ton bonheur.

Ensemble et alternativement.

BÉLUS.	FORMOSANTE.
Plus de crainte, plus de tristesse,	Plus de crainte, plus de tristesse,
Bannis une vaine terreur,	Chassons une vaine terreur,
Son bras joint la force à l'adresse,	Son bras joint la force à l'adresse,
Crois qu'Amazan sera vainqueur.	Et mon amant sera vainqueur.

SCÈNE SIXIÈME.

BÉLUS. FORMOSANTE. AMAZAN. LE ROI DES SCYTHES. L'EMPEREUR DES INDES. LE PHARAON D'ÉGYPTE. ALDÉE. IRLA ET AUTRES FEMMES DE LA SUITE DE FORMOSANTE. COURTISANS ET PAGES DE BÉLUS. SUITE DES ROIS ET D'AMAZAN. LES REPRÉSENTANS DU PEUPLE DE BABYLONE.

Bélus et Formosante sont assis sur un trône adossé à la première coulisse à gauche. Amazan et les trois Rois sont debout à l'autre côté du théâtre, en face du trône. Les Courtisans, les Pages de Bélus sont auprès du trône ainsi que les femmes de Formosante. Les représentans du Peuple de Babylone achèvent de border l'aile gauche.

A droite, immédiatement après les Rois, sont d'abord les sept Coryphées, qui doivent chanter les louanges de Formosante, et ensuite les Scythes, Egyptiens, Indiens, Gangarides chantans dans les chœurs.

Le milieu de la scène est destiné aux danseurs, qui, avec les précédens, complettent les suites des trois Rois et d'Amazan.

(27) CHOEUR.

DES SCYTHES, EGYPTIENS, INDIENS ET GANGARIDES.

Devenez notre Reine, adorable Princesse,
Déjà vous régnez sur nos cœurs !
Les dieux vont remplir leur promesse,
En nous comblant de leur faveur.

CHOEUR.

DES BABYLONIENS.

O Babylone, ô cité triomphante,
Tu vois les plus grands potentats,
Offrir à Formosante,
Leurs couronnes et leurs états.

Les Danseurs Scythes, Indiens, Egiptiens, et Gangarides apportent des présens qu'ils déposent au pied du trône, savoir : les Scythes, des peaux des animaux les plus rares ; les Indiens, des étoffes précieuses ; les Egiptiens, des parfums dans des vases magnifiques, et les Gangarides une ceinture et une couronne enrichies de diamans, les plus gros que l'on puisse voir. Ces dons sont présentés par les huit premiers sujets dansans seuls dans les entrées qui font partie de la pompe majestueuse de cet imposant spectacle.

Pendant la présentation, les trois Rois et Amazan s'avancent au milieu de l'avant-scène et chantent ensemble, en regardant Formosante, le quatuor suivant.

QUATUOR.

LE ROI DES SCYTHES, L'EMPEREUR DES INDES, LE PHARAON D'EGIPTE ET AMAZAN.

(28) Ces présens dont ici nous vous offrons l'hommage,
Du tribut de nos cœurs sont une foible image.
Nous allons combattre aujourd'hui,
Osans prétendre à l'honneur de vous plaire ;
Si l'on savoit qui votre cœur préfère,
Tout l'Univers seroit jaloux de lui.
L'arc de Nembrod est celui de la guerre,
L'arc de l'amour est celui du bonheur ;
Vous le portez ; par vous ce Dieu vainqueur,
Est devenu le maître de la terre.

Ballet général de seize Figurans et autant de Figurantes, représentans les quatre Nations qui espèrent avoir Formosante pour Reine.

Ce prélude achevé, paroissent un Premier Danseur Egiptien, et ensuite une Première Danseuse. Au milieu de cette entrée, une Egiptienne chante seule pendant que l'on danse.

UNE ÉGIPTIENNE.

(29) Princesse, voyez dans vos fers,
Les souverains de l'Univers,
Et faites les destins du monde ;
Qu'à nos vœux votre cœur réponde,
Vous régnerez dans nos climats ;
Dans peu l'Egipte sera vaine,
Admirant vos divins appas,
De voir en vous sa Souveraine.

L'INDIEN.

SECONDE ENTRÉE — *Un Premier Danseur et une Première Danseuse, quatre Figurantes et quatre Figurants Indiens, qui cessent leurs danses pour écouter le Duo.*

DUO.

UN INDIEN ET UNE INDIENNE.

L'INDIEN.

Que l'Inde sur ses bords,
Amasse ses trésors,
Pour les offrir à Formosante.

L'INDIENNE.

Princesse, au gré de notre attente,
Ah ! daignez combler nos souhaits;
Et bientôt sur nos rives;
Les ondes fugitives,
S'arrêteront pour mieux réfléchir vos attraits.

Ils répètent ensemble et alternativement.

Et bientôt sur. . . . . etc.

TROISIÈME ENTRÉE *des Guerriers Scythes. Quatre Figurans et quatre Figurantes, un Premier Danseur et une Première Danseuse. Un Coriphée chante seul pendant que l'on danse.*

UN GUERRIER SCYTHE.

La Déesse de la beauté
Sçut vaincre le Dieu de la guerre.
En donnant la paix à la terre,
Ce Dieu perdit sa liberté.
Ainsi l'auguste Formosante,
Enchaîne un roi victorieux.
Il n'est point d'arme aussi puissante,
Qu'un seul regard de ses beaux yeux.

QUATRIÈME ENTRÉE *des* Bergers *et* Bergères *Gangarides, quatre Figurans, quatre Figurantes. Un Premier Danseur et une Première Danseuse. A la fin de cette entrée, tous les Danseurs et Danseuses forment le demi cercle, pour écouter et ajouter à l'intérêt du* Trio, *chanté par un* Berger *et deux* Bergères *Gangarides.*

TRIO DIALOGUÉ.

UN BERGER ET DEUX BERGÈRES.

CHOEUR

DES ÉGIPTIENS, SCYTHES, INDIENS, GANGARIDES.

PREMIER BERGER.

Aux bords du Gange, la Nature
Prodigue ses plus grands bienfaits;

LA BERGÈRE.

La terre y produit sans culture,
Et tous les sens sont satisfaits.

T*ous* TROIS *répètent alternativement.*

C'est pour aimer qu'on y respire,
Et, pour prix d'une vive ardeur,

Ensemble.

Formosante, dans cet Empire,
Jouira du parfait bonheur.

Alternativement et ensemble.

A l'envi cherchant à lui plaire,
Les Ris, les Jeux, les Plaisirs et l'Amour
Quitteront Paphos, et Cythère
Pour embellir son séjour.

CHOEUR

DES EGYPTIENS, SCYTHES, INDIENS, GANGARIDES.

A l'envi cherchant. . . . . etc.

Pendant le choeur, Ballet Général, *à la fin duquel les huit premiers sujets viennent figurer ensemble sur l'avant-scène.*

Le Ballet est interrompu par l'arrivée du Hérault d'armes.

SCÈNE CINQUIÈME.

TOUS LES ACTEURS PRÉCÉDENTS. UN HÉRAULT D'ARMES.

(Pendant le dernier Ballet, les Pages de Bélus ont ôté les présens qui couvroient les marches du Trône).

LE HÉRAULT D'ARMES, À BÉLUS.

Seigneur, le temple est prêt pour la cérémonie,
Il retentit d'une sainte harmonie.
Le peuple en foule est saisi de respect;
Au redoutable aspect
De l'arc. . . . .

BÉLUS *descendant du trône.*

Il suffit, Princes,
C'est à vous que je dois le salut de l'état,
Le sort va décider de l'ordre du combat.
Bient t la renommée à toutes vos provinces,
Publiera vos explois;
Mais Sérapis doit seul manifester son choix.

Bélus, Formosante, Amazan et les trois Rois remplissent l'avant-scène. Les Babyloniens, Egiptiens, Scythes, Indiens, Gangarides, se confondent pêle-mêle sur le théâtre et écoutent l'invocation à Sérapis qu'ils répetent ensuite.

SEXTUOR.

BÉLUS, FORMOSANTE, AMAZAN ET LES TROIS ROIS.

(30) Souverain maître du tonnèrre,
Toi qui fais le destin des rois,
Et qui gouvernes à la fois,
Les cieux, les enfers et la terre,
Fais-nous connoître tes décrets!
Comble aujourd'hui notre espérance!
La justice de tes arrêts,
Prouve ta divine puissance.

CHOEUR GÉNÉRAL.

Souverain maître, ... etc.

Le choeur fini, l'orchestre en prolonge la finale pour terminer l'acte. Bélus part le premier suivi de ses Courtisans et de ses Pages. Puis le Pharaon d'Égipte et sa suite, l'Empereur des Indes et sa suite; le Roi des Scythes et sa suite; Amazan et sa suite. Les Représentans du Peuple de Babylone ferment la marche, et tous sont censés se rendre au temple. Formosante voit défiler le cortège, et restée seule avec ses Femmes, sort par la coulisse, en face du trône, afin de bien motiver qu'elle ne se rend pas au temple avec Bélus. . . . etc.

Fin du troisième Acte.

ACTE QUATRIÈME.

Le Théâtre représente le Temple de Sérapis, comme au premier acte; mais il est presque nuit, et la scène ne semble être éclairée que par une lampe suspendue au devant de la statue du Dieu.

SCÈNE PREMIÈRE.

FORMOSANTE, ALDÉE, IRLA.

FORMOSANTE.

Air:

(31) DE mon sort, arbitre suprême,
Si tu lis au fond de mon cœur,
Préviens le désespoir extrême,
Dont j'éprouve toute l'horreur!

Je cherche en vain la solitude,
Je sens accroître mon tourment:
Une trop juste inquiétude
M'agite en ce fatal moment.
De mon sort . . . . . . etc.

Je vois le monstre affreux assouvissant sa rage,
Répandre autour de lui le meurtre et le carnage,
Quels cris plaintifs . . . et quels mugissemens! . . .
Dans cet amas confus de morts et de mourants,
Je distingue avec peine une voix lamentable,
Dont l'écho porte au loin les longs gémissements.
Qui m'appelle? . . . Quels sont ces lugubres accens?
Grand Dieu, c'est Amazan! . . . Ah furie implacable,
Monstre cruel vomi par l'Enfer en courroux,
Epargne mon Amant, épargne mon Epoux!
Mais sa fureur redouble, il dévore sa proie . . . .
Dans ce sang précieux il faut que je me noie.
Je meurs . . . . . .

(*Elle tombe entre les bras de ses Femmes.*)

ALDÉE.

Reprénez vos esprits !
D'une injuste terreur tous vos sens sont surpris.
Vivez pour Amazan ! vivez pour votre Pere !

IRLA.

Vous veniez dans ce sanctuaire,
Pour consulter l'interprête des Dieux.

FORMOSANTE *revenant de son évanouissement dit languissamment.*

Quil vienne, chere Aldée, et dis-lui qu'en ces lieux
Je veux l'entretenir.

SCÈNE SECONDE.

FORMOSANTE. IRLA.

FORMOSANTE.

Ciel ! quelle horrible image
Est toujours devant moi ! . . . quel Spectre me poursuit !
Il semble s'égarer dans l'ombre de la nuit.

IRLA.

Chassez loin de vos yeux ce funeste nuage,
L'amour a produit seul l'erreur où je vous voi.

FORMOSANTE.

Ces murs sacrés, ces épaisses ténebres,
Le silence du temple et ces clartés funèbres,
Augmentent mes ennuis en me glaçant d'effroi.

SCENE TROISIÈME.

FORMOSANTE, LE GRAND PRÊTRE, ALDÉE. IRLA.

FORMOSANTE.

(32) Pontife qui du peuple avez séché les larmes,
Par pitié dissipez mes mortelles allarmes!
Dites-moi qui vaincra d'Amazan ou des Rois.

LE GRAND PRÊTRE.

Je l'ignore, Madame, et le Dieu qui m'inspire,
D'un voile impénétrable enveloppe son choix.
Sans murmurer, c'est à nous de souscrire
A ses immuables loix.
Aux mains de ces Héros, que le ciel nous envoie,
J'ai remis l'arc à nos dieux consacré.
Le temple a retenti de mille cris de joie.
De son bonheur tout le peuple enivré,
Voyant s'accomplir l'oracle,
Faisoit des vœux pour son libérateur,
Sans pouvoir soupçonner quel seroit le vainqueur.

SCÈNE QUATRIÈME.

BÉLUS. FORMOSANTE. LE GRAND PRÊTRE. ALDÉE, IRLA.

BÉLUS.

(33) De quel sanglant spectacle
Je viens d'être témoin!
Le Roi de l'Inde est mort et le monstre indomptable,
Fait de tous mes sujets un carnage effroyable.
L'écho répète au loin,
Ses sifflemens horribles.
Tout le ciel est en feu.

LE GRAND PRÊTRE.

Rassure-toi Bélus,
Souviens-toi que les dieux en ces momens terribles,
Achèvent de venger le crime d'Oylus.

BÉLUS.

Le Roi de l'Inde étoit-il son complice ?

LE GRAND PRÊTRE.

Il promit autrefois de servir ses projets ;
Tu vois qu'en l'immolant le ciel te fait justice.

BÉLUS.

Epargne au moins, Grand Dieu, mes coupables sujets.

LE GRAND PRÊTRE.

Il n'est aucun azile, il n'est point de puissance
Qui dérobe en ce jour un coupable à la mort.

BÉLUS ET FORMOSANTE.

O funeste vengeance !
O déplorable sort !

SCÈNE CINQUIÈME.

LES PRÉCÉDENTS ET L'OFFICIER BABYLONIEN.

L'OFFICIER *à Bélus.*

(34) SEIGNEUR, le Roi d'Egypte effrayé du carnage,
Fuit loin de ce rivage.
Le Roi Scythe indigné de cette lâcheté,
En vain de ce rival anime le courage.
Pour venger cet affront fait à sa majesté,
Il le provoque, et veut le forcer à combattre.
Héros qu'aucun revers ne pût jamais abattre !
Il appelle à grands cris le Pharaon qui fuit,
Mais les ténèbres de la nuit,
Dérobent ce monarque à sa juste poursuite.
Aussitôt Amazan que même ardeur excite,
Saisit l'arc, et déjà son bras victorieux,
Est prêt à renverser le Dragon furieux ;
Quand tout à coup le Roi Scythe s'écrie ;
» Arrête Téméraire, et respecte des dieux
» La volonté suprême, ou c'est fait de ta vie !
» Le sort veut que je meurs, ou triomphe avant toi ;
» Rends-moi

» Rends-moi cette arme redoutable.
» Du destin à ton gré crois-tu changer la loi?
» Vois tomber sous mes coups le monstre épouvantable.
Ce superbe discours frappant tous les esprits,
Bobylone, à l'instant, l'approuve par ses cris.

CHOEUR,

qui semble s'approcher derrière le théâtre.

Victoire! victoire! victoire!
Quel heureux jour pour nous!
Recevez de l'amour la palme et la gloire,

Une voix, éloignée mais distincte.

Héros qui nous sauvez, Formosante est à vous.

LE CHOEUR *répète en s'éloignant.*

Victoire! victoire! victoire!
Héros qui nous sauvez, Formosante est à vous.

FORMOSANTE.

O mon cher Amazan, quel arrêt nous sépare!
Impitoyable Dieu, j'invoque ton courroux,
De mon sang ne soit point avare;
Tu m'ôtes mon Amant, tu m'ôtes mon Epoux,
Dirige contre moi tes tes plus terribles coups!
Tranche mes jours! d'un Oracle barbare
Affranchis-moi par le trépas.

(Elle tombe sur les marches de l'Autel.)

LE GRAND PRÊTRE

Tremblez!

BÉLUS.

Grand Dieu! n'exaucez pas
Ces vœux du désespoir! que seul je sois victime
Du courroux qui vous anime!
Formosante! ah ma fille!

LE GRAND PRÊTRE.

En ta faveur, Bélus,

Sérapis suspend sa vengeance,
Ce Dieu qui t'a soustrait au glaive d'Oylus,
A Formosante encor donne son assistance.

SCÈNE SIXIÈME.

LES PRÉCÉDENS, LE HÉRAULT D'ARMES.

LE HÉRAULT D'ARMES *à Bélus.*

(35) SEIGNEUR, le monstre est mort, Amazan est vainqueur.

FORMOSANTE.

Amazan !

BÉLUS.

Amazan !

BÉLUS ET FORMOSANTE.

O comble du bonheur !

LE HÉRAULT D'ARMES.

Tout le Peuple témoin de sa haute vaillance,
Elève jusqu'aux cieux ce héros triomphant.
Voilà ce que j'ai vu de ce combat sanglant :
A peine armé de l'arc le Roi Scythe s'avance
Qu'il a fait pour le tendre un effort impuissant ;
Le monstre, à son aspect, semble accroître sa rage,
Sur des monceaux de morts il se fait un passage,
Le Roi Scythe le suit, et non loin de ces lieux,
Le renversant d'un coup de cimeterre,
Le sang du monstre impur couvre aussitôt la terre.
Alors le Roi victorieux
Veut redoubler ses coups, et par des cris de joie,
Le Peuple l'excitant à fondre sur sa proie
Mille voix répétoient « Quel heureux jour pour nous !
» Héros qui nous sauvez Formosante est à vous ! »
Mais soudain le Dragon s'élance,
Saisit son ennemi, qui tombe sans deffense ;
C'est alors qu'Amazan prenant l'arc à son tour,

Invoque Sérapis, Formosante et l'Amour,
Délivre son rival, et se couvrant de gloire,
Remporte aux yeux de tous une double victoire.

SCÈNE SEPTIÈME.

BÉLUS. FORMOSANTE. AMAZAN. LE ROI DES SCYTHES. LE GRAND PRÊTRE. L'OFFICIER BABYLONIEN. LE HÉRAULT D'ARMES. ALDÉE. IRLA ET AUTRES FEMMES DE LA PRINCESSE. COURTISANS ET PAGES DE BÉLUS. SUITE D'AMAZAN ET DU ROI DES SCYTHES. TROUPES DE BÉLUS ET LE PEUPLE.

(*Marche Militaire pour l'entrée des troupes qui se rangent aux deux côtés du Théâtre : Amazan paroît alors armé de l'arc de Nembrod. Les Gaugarides portent devant-lui les dépouilles du monstre. Le Roi Scythe marche à la gauche d'Amazan. Les Scythes occupent le fond de la scène, et les Gangarides forment un demi cercle autour de l'Autel et de la Statue de Sérapis*).

AMAZAN.

(36) PEUPLE, au Dieu qui nous rend heureux,
Je consacre à jamais ces dépouilles sanglantes.
Que ce Dieu bienfaisant daigne agréer les vœux;
De nos ames reconnoissantes!

LE GRAND PRÊTRE.

Accepte Dieu puissant,
Ces immortels trophées;
Par eux nos craintes étouffées,
Attestent la valeur d'un si grand conquérant.

CHOEUR.

Accepte Dieu . . . . . . etc.

(*Pendant le chœur, le Grand-Prêtre met sur l'autel les dépouilles et l'arc de Nembrod*).

LE ROI SCYTHE *à Amazan.*

Prince, souffrez que ma reconnoissance,
Eclate en des momens si doux.
Mais pour m'acquitter envers vous,
Hélas, je manque de puissance.

AMAZAN.

Ce que j'ai fait, Seigneur, vous l'eussiez fait pour moi.
Cependant du destin si j'ai rempli la loi,
Formosante est la récompense,
Qui doit combler mon espérance.

BÉLUS.

Invincible Amazan, oui ma Fille est à toi.
Accepte avec sa main ma couronne et mon trône.
Déjà par tes bienfaits mes Sujets sont les tiens,
Règne avec moi dans Babylone;
Unissons-nous par d'éternels liens.

QUINQUE.

BÉLUS. FORMOSANTE. AMAZAN. LE ROI SCYTHE. LE GRAND PRÊTRE.

Doux Hymen, tendre Amour, que vos chaînes sont belles!
Protégez deux Amants fidèles!

FORMOSANTE. AMAZAN.	BÉLUS. LE ROI SCYTHE. LE GRAND PRÊTRE.
Pour nous allumez vos flambeaux,	Pour eux allumez vos flambeaux,
Que nos flames soient éternelles;	Que leurs flâmes soient éternelles;
Que nos feux soient toujours nouveaux!	Que vos feux soient toujours nouveaux!
Favorisez nos ardeurs mutuelles;	Favorisez leurs ardeurs mutuelles;
Rendez-nous à jamais heureux;	Rendez-les à jamais heureux;
Hymen, Amour, venez combler nos vœux!	Hymen, Amour, venez combler leurs vœux!

SCÈNE HUITIÈME.

SÉRAPIS. L'AMOUR ET SA SUITE. LES PRÉCÉDENS.

(L'Autel et la statue de Sérapis disparoissent. On voit descendre ce Dieu, ainsi que l'Amour et sa suite, dans une décoration de nuages, qui est faite de manière que l'Amour et ses suivans sont au niveau du Théâtre, au moment que Sérapis s'arrête au milieu des nuages)

SÉRAPIS.

(37) RECONNOIS, Amazan, l'Auteur de ta victoire.
Ce Phœnix, cet ami pour toi quittant les cieux,
Sous des traits inconnus paroissoit à tes yeux.
Lui seul guida tes pas dans les champs de la gloire.
Ce Phœnix est l'Amour,
Qui vient habiter ce séjour,
Que sous les lois de Formosante
Il vive désormais !
Qu'au gré de votre attente,
Il vous dispense ses bienfaits !
Ainsi par d'éclatans miracles miracles,
Vous voyez en ce jour s'accomplir mes orales.

(L'Amour et sa suite restent en scène. Sérapis remonte au Ciel).

SCÈNE DERNIÈRE.

L'AMOUR ET SA SUITE. BÉLUS. FORMOSANTE. AMAZAN. LE ROI DES SCYTHES. LE GRAND PRÊTRE. L'OFFICIER BABYLONIEN. LE HÉRAULT D'ARMES. ALDÉE. IRLA ET AUTRES FEMMES DE LA PRINCESSE. COURTISANS ET PAGES DE BÉLUS. BERGERS ET BERGÈRES GANGARIDES. CHEVALIERS BABYLONIENS ET LEURS DAMES. SUITE DU ROI DES SCYTHES. TROUPES DE BÉLUS ET LE PEUPLE.

(*Tandis que la décoration de nuages s'élève, on voit descendre une quantité de Lustres qui éclairent une immense et superbe Galerie, au fond de laquelle est une décoration qui forme le Trône et les accessoires du Trône de Bélus*).

CHOEUR.

RECONNOISSONS Phœnix sous les traits de l'Amour.
Que sous ses loix chacun s'engage!
Formosante dans cette cour,
Fixe des Dieux le plus volage.

(*Pendant le Chœur, Formosante et Amazan sont occupés à carresser l'Amour, qui, par un jeu pantomime les entraîne vers le Trône dans le fond du Théâtre, où se rendent aussi Bélus, le Roi des Scythes, le Grand Prêtre . . . . etc. Alors paroissent les Danseurs Gangarides et Babyloniens, qui apportent tout ce qui est nécessaire pour la cérémonie des épousailles. Le Berger et la Bergère Gangarides, qui au 4me. Acte ont présenté à la Princesse la Couronne et la Ceinture de diamants, viennent lui attacher la Ceinture, et le Grand Prêtre prend la Couronne qu'il met sur la tête de Formosante. Bélus ôte la sienne qu'il met sur la tête d'Amazan. L'Amour unit les deux Amans, et les suivans de l'Amour, ayant chacun un flambeau à la main, forment des groupes artistement composés, ce qui offre une perspective infiniment agréable. Au moment de l'hymenée, les troupes saluent avec leurs armes et le Peuple chante le chœur suivant*).

CHOEUR.

Goutez, tendres Amans,
Des douceurs éternelles !
Soyez contens,
Soyez fidèles ;
L'Hymen serre vos nœuds :
L'Amour n'est plus à craindre,
(38) Cessez de vous contraindre ;
Soyez toujours heureux !

(La Fête se termine par un pompeux Ballet*, dans lequel dansent, tout à tour, les* Babyloniens*, les Gangarides, les Scythes, l'Amour et ses suivans. Enfin l'Opéra finit par une* Chaconne*, dans laquelle tous les Premiers Sujets ont des entrées, et se réunissent au moment que la toile tombe).*

FIN.

NOTES

SUR

LA PRINCESSE

DE

BABYLONE.

(1) OSIRIS, Apis, ou Sérapis, étoit la Divinité que les Égyptiens adoroient sous ces trois noms. L'Oracle de Sérapis à Babylone rendoit ses réponses en songe. Selon Strabon, il n'y avoit rien de plus gai que les pélerinages qui se fesoient en l'honneur de Sérapis. Selon Tacite, on adoroit Sérapis comme une espèce de Divinité universelle, qui représentoit Esculape, Osiris, Jupiter, Pluton. On le prenoit aussi pour Jupiter Ammon, pour le Soleil, selon Macrobe, et pour Neptune. Ce Dieu dont le caractère est de ne faire que du bien, est représenté la main droite et les regards levés vers le ciel, un boisseau sur la tête, comme inventeur de l'Agriculture : les autres attributs sont, le Cerbère, les Rayons, le Serpent, le Bâton, les Cornes de Bélier, le Trident, la Corne d'Abondance, l'Ibis, le Vaisseau, l'Aigle, le Cerf et le Phalle. Les jeunes gens l'invoquoient pour obtenir de lui, comme une faveur signalée, qu'il leur fit trouver des personnes faciles, qui eussent la complaisance de se livrer à leur passion. Un nombre infini de malades et d'infirmes alloient lui demander leur guérison, ou plutôt se persuader qu'ils l'avoient reçue.

C'étoit dans le bœuf Apis que l'ame du grand Osiris s'étoit retirée. Il lui avoit donné la préférence sur les autres animaux, parce que cet animal est le simbole de l'Agriculture.

Les

Les Mythologues publièrent que le navire sur lequel Osiris courut le monde, avoit été le premier vaisseau long qui eut paru sur mer. Les Astronomes Egyptiens mirent le navire d'Osiris au rang des constellations célestes, c'est celle que les Grecs nommèrent, dans la suite, la Constellation du vaisseau d'Argo, près de la Canicule, appellée en Egypte Sothis ou l'étoile d'Isis.

Osiris et Isis sont, dans la Mythologie Egyptienne, deux divinités étroitement unies ensemble, le Soleil et Lune. Les habits d'Osiris étoient d'une seule couleur, de la couleur de la lumière; on les gardoit précieusement et on ne les exposoit qu'une seule fois chaque année à la vue de tout le monde. Quelques Mythologues prétendent que toutes les Divinités du Paganisme n'étoient que des attributs d'Isis et de Sérapis.

(*Extrait de l'Ecyclopédie, aux articles* ORACLE, SÉRAPIS, APIS, OSIRIS, etc.)

(2) En adoptant les personnages que Voltaire fait agir et parler dans son Roman Philosophique, qui sert de base à cet Opéra, il a fallu changer les circonstances qui, très-gaies dans un conte, dont le but est d'amuser le lecteur, doivent au contraire dans une Tragédie porter l'empreinte de la terreur, et présenter aux spectateurs des scènes pathétiques et intéressantes. On voit dans Voltaire le plus énorme lion des montagnes de l'Antiliban, et l'Oracle vouloit que la Princesse de Babylone appartint à celui qui viendroit à bout d'abattre ce lion. Ici, au lieu de ce lion nourri dans la ménagerie de Bélus, c'est un monstre qui désole et ravage Babylone et les environs. Le Peuple invoque Sérapis pour être délivré de ce monstre, ce qui offre le même intérêt que Corneille a mis dans Andromède, et Quinault dans Persée.

(3) Le songe du grand Prêtre, qui fait l'exposition de la pièce, a paru poétique et théâtral, l'Auteur l'a cru d'autant mieux amené, que l'oracle de Sérapis à Babylone rendoit ses réponses en songe. D'ailleurs, il présente à l'imagination les événemens passés, présens et avenir nécessaires au sujet, à-peu-près comme le songe d'Athalie, et celui d'Iphigénie, dans l'Opéra d'Iphigénie en Tauride. Ce songe sert encore à établir le caractère du grand Prêtre, à motiver la colère des Dieux, dont ce Pontife est l'organe. Aussi le Musicien devra-t-il donner à ce personnage un ton de dignité, qui le rapproche de la Divinité; surtout que ces vers, *Périsse le Perfide*, etc. que Sérapis est

censé avoir prononcés lui-même ; que cette malédiction soit un coup de foudre pour les malheureux Babyloniens ; que le chœur qui suit soit le cri de la surprise et de l'indignation, mêlée à la douleur la plus profonde ; que l'orchestre devenu lugubre, imprime dans tous les cœurs la tristesse et l'effroi.

En s'étayant de l'autorité des grands Maîtres, on se permet les choses les plus invraisemblables. Dans l'enfance du théâtre, on étoit très-avide de tout qui s'éloignoit de la nature. On applaudissoit aux métamorphoses les moins faites pour plaire. On voyoit sur la scène Chrisaor, Pégase, et plusieurs monstres de figures bisares et terribles se former du sang de Méduse. Aujourd'hui,

Une merveille absurde est pour nous sans appas.
L'esprit n'est point ému de ce qu'il ne croit pas.
Ce qu'on ne doit point voir, qu'un récit nous l'expose,
Les yeux en le voyant saisiroient mieux la chose ;
Mais il est des objets que l'art judicieux
Doit offrir à l'oreille et reculer des yeux.

C'est à la faveur de cette loi si juste de Despréaux, que j'ai évité d'offrir le monstre aux yeux des spectateurs. Cependant comme il joue un grand rôle dans la pièce, il faut que des détails attachans le gravent dans notre mémoire. De-là ces vers dans la bouche du Pontife ;

J'ai vu le grand Prêtre Oylus,
Tel qu'au moment où frappant la victime,
Le sang à gros bouillons par ses mains répandu,
Forma le monstre affreux, né pour punir le crime, etc.

Quel est le crime que doit punir le monstre ? C'est l'attentat le plus atroce, c'est un assassinat projetté contre un Roi, l'idole de son Peuple. Bien que l'Opéra ne soit pas une école de morale, il m'a semblé qu'un si grand intérêt naissant naturellement du sujet, ne pouvoit qu'y être goûté ; et puisque les Rois sont sur la terre l'image de la Divinité, on peut représenter les Dieux sur le théâtre qui leur est consacré, la foudre à la main, punissant le régicide, forfait que toutes les loix et tous les peuples s'accordent à punir par les plus grands supplices.

Virgile m'a enseigné comment je devois supposer cette vengeance céleste, et j'ai imité ce qu'il raconte de Laocoon, que le sort avoit fait Prêtre de Neptune. « Tandis, » dit-il, que le Peuple prêtoit au Sacrifice une religieuse » attention, deux épouvantables serpens vont droit à

» Laocoon, saisissent d'abord ses deux enfans, s'entortillent autour de leurs corps, qu'ils déchirent par d'horribles morsures; Laocoon armé de dards, vole à leur » secours, il est saisi lui-même, etc. ». Voilà ce qui m'a inspiré cette description :

Parmi les flots d'un Peuple interdit, éperdu,
Le dragon furieux entraînoit le grand Prêtre,
Et soudain avec lui je l'ai vu disparoître, etc.

(4) Ici la musique cessera d'offrir les accens de la désolation; elle deviendra calme et tout-à-la-fois majestueuse et imposante, elle modulera peu, abandonnera les dissonnances et les tons mineurs, afin de reposer l'Auditeur, qui ne doit pas être ému de ce que dit maintenant le grand Prêtre, mais seulement disposé à s'intéresser de plus en plus à ce qui doit suivre. Corneille recommande au Poète tragique de choisir un jour mémorable, qui amène avec lui quelque époque fameuse, afin d'accumuler les sources d'intérêts, et c'est pour suivre ce précepte, que le Pontife commence son invocation par ces vers :

Cent ans sont écoulés, ô puissant Sérapis, etc.

(5) Que ce quatuor et les deux derniers vers répétés en chœur, soient d'un chant simple et religieux. Nous sommes au lever de l'aurore; que la musique en offre la fraîcheur, et que ce tableau ne soit obscurci qu'à ces mots : *La mort, hélas, nous poursuit en tous lieux, délivre nous d'un monstre furieux !* Cette exclamation sera accompagnée des mêmes accords, qui auront soutenu le premier chœur : *Toi qui protege ce rivage*, etc.; car le peuple qui prie, est toujours obsédé de la même pensée, et c'est alorsque le Compositeur emploie avec succès les traits qui ont déjà attendri l'ame des auditeurs.

(6) Encore de la mélodie, mais c'est le Pontife qui parle, conservons-lui la noblesse et l'enthousiasme d'un inspiré; que les Basses expriment la gravité de son caractère, qui ne doit pas se démentir un instant, et que le chœur des Prêtres termine majestueusement cette première scène. Ce chœur sera une espèce de plein chant, afin de contraster avec les autres chœurs du premier acte; et il sera chanté à demi-voix, l'accompagnement ayant le caractère du faux bourdon, soutenu comme dans les Cathédrales, par les Bassons et les Contre-basses.

(7) Le Roi ne sera annoncé par aucune ritournelle, il l'a été suffisament par le grand Prêtre. Son intention étant de se joindre aux prières du Peuple, il faut conserver à la musique son caractère religieux. L'Orchestre aura donc soin de prolonger seulement la fin du chœur des Prêtres, de manière que le cortége soit en place avant que Bélus interroge le Grand-Prêtre. Ce dialogue entre le Roi et le Pontife, sera une simple déclamation notée, jusqu'au moment où ils unissent leurs voix pour chanter ensemble, *daigne agréer cet humble sacrifice, ô Dieu sois nous propice!* Le Chœur qui suit sera d'un chant doux et affectueux, construit de manière à faire ressortir l'air de Bélus, *Dieu protecteur*.... etc., car le même chœur se répétant après l'air, il doit produire l'effet d'un grouppe, qui dans un tableau ne sert qu'à présenter avec plus d'avantage le principal personnage; et dans le tableau que nous offrons ici, ce personnage est un roi, qui paroît à nos yeux pour la première fois. Employons donc les instrumens qui sont les attributs de la Royauté; que le sentiment dominant soit l'admiration, produite par le faste du Trône. Laissons au Coriphée qui dit: *Sur son front la majesté brille*, etc. Laissons-lui le moyen de mieux détacher encore Bélus du grouppe qui l'environne. Jusqu'à présent le Pontife seul régnoit sur la scène, qu'il soit un moment effacé par le Roi, dont il faut que le caractère se grave dans notre esprit.

(8) Maintenant la Scène appartient au Grand-Prêtre. Le Roi devient pour ainsi dire Peuple pour lui. C'est un Dieu qui va rendre des oracles. Que le récitatif qui précède la prophétie, soit entre-coupé par les effets d'orchestre les plus bruyans! Les élémens sont confondus, la terre tremble, l'enfer mugit, le tonnerre éclate! Quel magnifique tableau pour le compositeur! Qu'il franchisse hardiment les limites de son art! Timballes, trompettes, trombonnes, petite flûte; que tous les instrumens se confondent, qu'ils aillent en s'entre-choquant du son le plus grave aux notes les plus aiguës, que les triples croches se précipitent les unes sur les autres, qu'elles se froissent et ne laissent que malgré elles dominer par intervalles, la voix du Pontife, mais au moment qu'il aura prononcé; *le livre des destins à mes yeux est ouvert*, qu'il se fasse une révolution soudaine, que l'harmonie soit alors bien déterminée; que le rayon divin qui anime le grand Prêtre

brille dans tout son éclat : c'est un jour nouveau qui éclaire Babylone ; que le cahos cesse, que l'on n'entende plus ni timballes, ni trombonnes. La prédiction porte la joie dans tous les cœurs, qu'elle s'y insinue par les transitions les plus suaves, et les traits les plus augustes. Que les quatre vers qui suivent la Prophétie soient mêlés, confondus par les interlocuteurs ; que la phrase musicale n'offre rien de régulier, qu'elle peigne au contraire l'agitation, l'émotion d'un peuple enivré de son bonheur, mais cette explosion passée, que le chœur *bannissons la sombre tristesse*, offre un chant pur, que l'on y retrouve une douce teinte de mélancolie, car le monstre vit encore, et notre inquiétude ne peut cesser qu'après l'accomplissement de l'Oracle.

(9) On danse, et ce Ballet ne doit pas être trop prolongé. Un premier danseur, deux premières danseuses, huit figurans et autant de figurantes suffiront. Les airs seront gracieux et d'un style noble. Le Maître des Ballets n'offrira aucun pas bien remarquable, il commence sa carrière, et les actes suivans lui offriront des occasions plus favorables, et dans lesquelles il pourra déployer, avec avantage, tous les charmes de son art. Il est à désirer que l'on choisisse pour ce premier Ballet, les danseuses les plus jolies, afin d'occuper agréablement l'œil du Spectateur. D'ailleurs, c'est la joie que nous avons à exposer, ce sont ces mêmes Babyloniennes qui ont paré l'Autel, qui, par conséquent, s'intéressent vivement à l'action qui nous occupe ; elles doivent donc concourir à nous la rendre agréable, Qu'elles déployent toutes leurs graces ! Que leur costume soit simple : des guirlandes de fleurs composeront leur parure, leurs légers vètemens seront blancs, symbole de la jeunesse et de leur innocence. Les trois premiers sujets seroient bien représentés par Mesdemoiselles Colomb, Simon cadette, et M. Laborie.

(10) Le Roi partage la joie de son peuple, mais le sort de sa fille l'inquiète, il interrompt donc les démonstrations de cette joie si active, et il consulte le grand Prêtre. La fin de cette scène sera un récitatif animé, dans lequelle Bélus et le Pontife se montreront également grands ; l'un possède l'empire, mais l'autre en règle les destinées ; delà cette morgue, ce ton de Prophête qu'il conserve en tutoyant le Roi ; il semble disposer à son gré des foudres du très-haut, et Bélus soumis quitte la scène, en faisant des vœux pour For-

mosante. Il nous fait partager son amour paternel. Nous n'avons pas encore vu la Princesse, mais déja nous nous intéressons vivement à elle ; que sera-ce quand nous la connoîtrons !

(11) Dans cette scène qui termine l'acte, il faut que le Compositeur achève de déployer ce que la musique offre de plus religieux. Nous allons sortir du temple, mais nous y sommes encore, nous achevons nos prières, nous remercions les Dieux de leurs bienfaits, nous chantons les louanges du libérateur que le ciel nous envoye ; épuisons-nous donc en témoignages de reconnoissance, et que l'hymne que nous chantons, réunisse les richesses de l'harmonie à celles de la plus belle mélodie.

ACTE SECOND.

(12) Il sera nécessaire que la marche soit assez longue, pour donner aux troupes le tems de se mettre en ordre de bataille. *Inventez des ressorts qui puissent m'attacher*, a dit le législateur du Parnasse. Que ce second acte absolument militaire fasse donc opposition au premier. Que le Compositeur emploie des tons fiers et des airs guerriers. Que les clairons résonnent, et que les cors retentissent. Le discours de l'Officier doit avoir le caractère de ces harangues, que les héros de l'antiquité prononçoient à la tête de leurs armées, mais à peine aura-t-il dit, *déja du rivage on entend les signaux*, que sur ce mot *signaux*, les timballes marqueront que les évolutions vont commencer. Ces évolutions, dessinées par le Maître des ballets, seront aussi longues qu'il lui plaira : cependant comme elles dépendent aussi du Musicien, qui, dans un Opéra, ne peut pas cesser de se faire entendre un instant, il faut que l'un et l'autre se concertent ; et si le Poëte est consulté, il dira que cet exercice qui n'est qu'un épisode, ne doit durer que quelques minutes, afin de ne pas distraire trop long-tems le spectateur de l'action principale.

(13) Voltaire dit : » il se présenta trois rois qui » osèrent disputer Formosante, le Pharaon d'Egypte, » le Sha des Indes, et le grand Kan des Scythes. » Le roi d'Egypte arriva le prémier, monté sur le » Bœuf Apis, et tenant le sistre d'Isis. Il étoit suivi » de deux mille prêtres, vêtus de robes de lin plus » blanches que la neige, de deux mille eunuques, » de deux mille magiciens, et deux mille guerriers ». Si le théâtre de l'Opéra étoit aussi vaste que la plaine des Sablons, nous aurions pu faire voir ce brillant cortège, mais pour garder les proportions locales, il faut nous réduire à quelques esclaves, huit prêtres et dix magiciens. Les prêtres suivront le char du Pharaon, des esclaves le traîneront, et les magiciens seront en avant, savoir : quatre figurans et quatre figurantes, plus deux premiers sujets dansants dans le genre du Sr Laurent, et ils peuvent se permettre les écarts les plus forts et les plus ridicules.

Le rôle du Pharaon est le plus foible de la pièce. Dans une tragédie destinée au Théâtre François, il n'y seroit pas soutenable, tel que nous le représentons ici. On est moins sévère à l'Opéra, et cela est fondé en raison. Le Poëte peut à peine y esquisser les caractères, qui ne sont qu'accessoires à l'action principale, au lieu que dans une tragédie parlée, on peut tour-à-tour nous montrer Néron, Britannicus, Agrippinne, Junie, Burrhus et Narcisse, et développer à loisir les vertus des uns et les vices des autres. Voltaire peint notre Pharaon des mêmes couleurs que nous avons employé ici; mais ce qui est très-bien dans un Conte, peut-être très-déplacé dans une Tragédie, aussi espérons-nous que M. LAÏS, se chargera de ce rôle, et que le Musicien travaillant ses airs en conséquence, on oubliera la foiblesse du rôle en faveur des talens de l'acteur. C'est ainsi que les arts se tiennent et se prêtent un mutuel secours. L'air : *voici le séjour enchanté*, sera donc d'un style plus brillant, plus éclatant que sentimental et affectueux. On pourra également le chanter au concert et à la scène. Il doit avoir le mérite de ces beaux airs, qui seuls font en Italie la fortune des Opéra. En y réfléchissant bien, on saura peut-être quelque gré à l'Auteur, d'avoir introduit un personnage, qui procure un grand plaisir sans nuire à l'intérêt du drame. Tout ne peut pas être lumière dans un tableau, et sans le Pharaon, la pièce manqueroit de cette opposition de caractères, si nécessaire pour contraster et faire ressortir l'Empereur des Indes, le Kan des Scythes et Amazan, qui, comme le Pharaon, sont amans déclarés de Formosante, mais qui ont sur leur rival la supériorité du caractère, cette énergie, cet enthousiasme, cette grandeur d'ame, qui font reconnoître un Héros dans ses moindres actions.

(14) Et que l'amour souvent de remords combattu,
Paroisse une foiblesse et non une vertu.

Suivant ce précepte de Boileau, on pourroit en quelque sorte excuser le caractère du Pharaon, à qui, toujours fidèle à notre modèle, nous donnons la même jalousie et les mêmes sentimens que Voltaire décrit si plaisamment en parlant de ce Prince. Voyons-le s'efforcer de bander l'arc de Nembrod. « Il descend au milieu de l'arêne, il essaie, il épuise ses forces, il fait des contorsions qui excitent le rire de l'amphithéâtre, et qui font même sourire Formosante. Son grand Aumônier s'approche de lui; que Votre Majesté, lui dit-il, renonce à ce vain honneur, qui n'est que celui des muscles et des nerfs: vous triompherez dans tout le reste. Vous vaincrez le lion, puisque vous avez le sabre d'Osiris: la Princesse de Babylone doit appartenir au Prince qui a le plus d'esprit, et vous avez deviné des énigmes; elle doit épouser le plus vertueux, vous l'êtes, puisque vous avez été élevé par les Prêtres d'Egypte: le plus généreux doit l'emporter, et vous avez donné les deux plus beaux crocodiles et les deux plus beaux rats qui soient dans le Delta: vous possédez le bœuf Apis, et les livres d'Hermès, qui sont la chose la plus rare de l'Univers, personne ne peut vous disputer Formosante. Vous avez raison, dit le Roi d'Egypte, et il se remit sur son trône ». Ce qui peut paroître un peu obscur dans notre Opéra, c'est la convention faite entre le Pharaon, le Roi des Scythes, et l'Empereur des Indes, de s'offrir ensemble à Formosante, et de s'en rapporter à son choix. Sans doute cet incident n'est pas assez préparé, mais il étoit bien difficile de le motiver davantage, sans jetter le Pharaon dans un monalogue long et ennuyeux, car la musique ne se prête point du tout à ces détails qui servent à lier l'action au Théâtre François. La Tragédie chantée veut des motifs décidés, qui amènent des tableaux, ou au moins la peinture de sentimens bien déterminés. D'ailleurs,

leurs, n'oublions pas qu'ici, comme dans l'Iliade, tout est soumis à l'influence des Dieux, et alors nous nous prêterons volontiers au merveilleux, en reconnoissance du plaisir qu'il nous donne.

(15) « Le Roi des Indes, dit Voltaire, arriva dans un » char traîné par douze éléphans. Il avoit une suite encore » plus nombreuse et plus brillante que le Pharaon d'E- » gypte ». Nous avons cru pouvoir conserver les éléphans, et les faire paroître sur la scène, non pas que nous les regardions comme essentiels au succès de l'ouvrage, mais ils surprendront d'abord, et l'on se souviendra que le premier, et peut-être le seul Opéra dans lequel il aura paru des éléphans, aura été la *Princesse de Babylone.* Nous avons tous lu Télémaque et l'Odyssée. Cependant les morceaux les plus intéressans ne se retracent que confusément à notre mémoire. En vain s'efforceroit-on de les réciter comme Homère ou Fénélon, tandis que l'œil croit voir encore les gravures, qui en consacrent les événemens les plus remarquables. Combien de gens auroient déjà oublié l'Opéra de la Caravanne, sans les chameaux, dont la présence nous fait croire que nous sommes réellement au Caire. Aussi voudrois-je qu'ici, comme dans la Caravanne, le Décorateur offrît un point de vue pittoresque et étendu. La règle des trois unités ne nous permet pas de sortir de Babylone, et nous y sommes sur l'esplanade qui tient immédiatement à la première cour du Palais de Bélus; mais ce Palais, pour le Spectateur, ne sera qu'indiqué par l'arc de triomphe qui y conduit. Plusieurs avenues représenteront la campagne, les environs de Babylone, et par une magie d'optique bien entendue, les suites des Princes se tiendront dans la direction qui aura servi à leurs entrées particulières, de manière que les troupes de Bélus seront seules sur la droite, aux deux côtés de l'arc de triomphe, le long des grilles de la première cour du Palais . . . . etc.

(16) Lorsque dans l'Orphelin de la Chine, Octar, précurseur de Gengiskan, arrive, suivi d'une garde nombreuse, et qu'il débute par ces vers :

Esclaves, écoutez ; que votre obéissance
Soit l'unique réponse, etc.

De même quand Omar, entouré de soldats, précède Mahomet, on ne peut se défendre d'une certaine émotion, à l'aspect de ces deux grands guerriers. Il doit en être de même ici. L'Empereur des Indes se soumet la scène, il écrase le Pharaon; mais à l'arrivée soudaine du Roi des Scythes, il va perdre beaucoup de ses avantages. Voilà ce que le Musicien doit bien méditer, afin de réserver à celui-ci les traits les plus hardis. Pour mieux marquer la différence des rôles, l'Empereur des Indes sera une *Haute-contre*, et le Roi des Scythes, une *Basse-taille*, la même que le Public est habitué d'entendre dans les Oreste, les Roland, les Hercule, etc. Par ce moyen, le rôle produira l'effet que le Poëte en attend. Les Spectateurs regarderont déjà le Roi Scythe comme vainqueur du monstre et l'époux de Formosante.

(17) « Le dernier qui parut, dit Voltaire, étoit le Roi » des Scythes. Il n'avoit auprès de lui que des guerriers » choisis, armés d'arcs et de flèches. Sa monture étoit » un tigre superbe, qu'il avoit dompté, et qui étoit aussi » haut que les plus beaux chevaux de Perse. La taille de » ce Monarque, imposante et majestueuse, effaçoit celle » de ses rivaux. Ses bras nuds, aussi nerveux que blancs, » sembloient déjà tendre l'arc de Nembrod ». Ne pouvant lui laisser dans l'Opéra son tigre pour monture, il y arrive comme Thésée, porté sur un pavois, ce qui contraste avec le char du Pharaon, et les éléphans de l'Empereur de l'Inde.

(18) Tel que l'astre du jour parcourant sa carrière,
Ebloult tous les yeux de sa vive lumière,
Telle on vit Formosante en cent climats divers,
Par l'ordre des destins parcourant l'Univers,
Soumettre tous les cœurs au pouvoir de ses charmes.

Ta fille ne sera mariée que quand elle aura couru le monde, avoit répondu l'oracle consulté par Bélus, et il faut lire dans le roman de Voltaire les détails curieux de ce voyage. Ici nous supposons Formosante de retour à Babylone; mais pendant ses séjours dans les différentes cours qu'elle a parcourues, il n'est aucun prince qui n'en soit devenu éperduement amoureux. Voltaire nous la représente comme la plus belle femme qui ait jamais existé. C'est d'après ses portraits et ses statues, dit-il, que dans la suite des siècles, Praxitèle sculpta son Aphrodite, et celle qu'on nomme la Vénus aux belles fesses.

Que l'on se rappelle cette superbe Strophe du poëme séculaire d'Horace, ALME SOL. . etc. « Soleil qui nourris

» tous les êtres, s'écrient les jeunes Romains, toi dont le » char brillant ramène et remporte la lumière et qui re- » nais toujours le même et toujours nouveau, puisse-tu » dans ta course, ne voir rien de plus grand que Rome! » Avec quelle chaleur M. Philidor a rendu ce morceau sublime! Il faut que le musicien emploie le même pinceau, qu'il nous fasse entendre la voix de M. CHERON, dans toute son étendue, et qu'une suite de brillans accords nous ravisse et nous transporte. Cela est d'autant plus nécessaire, que nous n'aurons plus occasion de revoir le Roi des Scythes tenant le premier rang sur la scène. Il faut donc qu'il nous étonne dans le court espace de tems qu'il doit y régner. D'ailleurs, ce qu'il chante est fait pour nous donner la plus haute idée de la Princesse que nous n'avons pas encore vue; ce qu'il en dit doit donc enflamer notre imagination pour elle, et accroître le desir que nous avons de la voir paroître.

(19) L'Aparte du Pharaon, *Chaque mot en mon ame augmente mes allarmes*, donnera le moyen au compositeur d'arrêter, pour un instant son récitatif, si beau qu'il ne puisse être effacé que par l'air qui suit; car c'est dans cet air surtout, que le grand Kan des Scythes doit achever de subjuguer les applaudissemens, et d'écraser les deux rivaux qui sont en scène avec lui. Les traits purs, les accords parfaits feront d'autant plus d'effet, qu'ils succèdent à une explication orageuse entre les trois rois, et qu'avant la fin de la scène, nous allons être obligés de rembrunir nos couleurs, en parlant du monstre que nous avons à exterminer.

L'air *Brillez jour glorieux* est copié presque mot à mot du rôle de *Samson*, dans l'opera de ce nom fait par Voltaire en 1732. Cet opéra n'a pas été joué, et il ne le sera probablement jamais; notre sistême musical et la coupe de nos ouvrages lyriques étant absolument changés depuis Gluck. Voilà pourquoi je me suis permis d'extraire de cette pièce les douze derniers vers qui terminent mon second acte. Ils conviennent à merveille à la situation, et ceux que j'y pourrois substituer ne les vaudroient sûrement pas. Je me serois cependant interdit ce larcin, si l'opera de Samson eût été dans le cas d'être établi sur la sène lyrique; mais j'ai cru bien faire de tirer de l'oubli de bons vers qui semblent composés exprès pour le cadre dans lequel ils se trouvent ici. Je voudrois avoir ainsi à ma disposition tous les bons tableaux, toutes les belles productions qui sont reléguées dans des garde-meubles inconnus,

Je les étalerois dans une galerie ouverte au public; et bien que je ne sois pas l'auteur de ces chef-d'œuvres, on me sauroit gré de les avoir mis en évidence.

ACTE TROISIÈME.

(20) FORMOSANTE va paroître. Elle est attendue depuis long-tems par le spectateur, qui ignore encore les dispositions de cette princesse; mais nous qui la représentons en proie à la douleur, nous devons en donner un pressentiment à l'auditeur, de manière qu'il soit disposé à la mélancolie, dès que Formosante ouvrira la bouche pour se plaindre. Il suffit, pour produire cet effet, d'une Ritournelle un peu longue et dans un ton triste. Formosante n'entrera qu'à la fin de la ritournelle, et ses premières paroles, *Je puis gémir enfin*, annonceront assez qu'elle est peu satisfaite de ce qui s'est passé depuis le commencement de la tragédie. Les six premiers vers qui expriment la désolation de la Princesse, seront plutôt parlés que chantés. Des blanches à la basse et quelques notes aux violons, suffiront pour soutenir et ponctuer ce récitatif extrêmement simple. A cette déclamation notée, succèdera un récit d'instrumens à vent, qui répétera le même motif qui aura servi à la ritournelle qui a ouvert l'acte. Ce Solo de flute, ou de haut-bois, sera précisément le thême du premier air que la Princesse va chanter. Il faut que le mouvement en soit lent, qu'elle déploie peu-à-peu la beauté de son organe. Son cœur est gros de soupirs, qui se font un passage jusques dans l'ame des auditeurs. Cependant nous ne savons pas encore la vraie cause du chagrin de Formosante. Sa confidente nous l'apprend par ce seul vers : *Dans quel égarement votre amour vous entraîne*. Soudain elle répond : *Oui j'aime*. Et dès-lors elle s'anime, son jeu devient passionné, l'amour la subjugue, elle s'y livre entièrement.

De cette passion la sensible peinture,
Est, pour aller au cœur, la route la plus sûre.

Aussi le compositeur a ses moyens tous prêts pour nous émouvoir. Dans le premier acte, qui est consacré à de la musique d'église, et dans le second, qui est absolument militaire, nous n'avons rien entendu qui nous ait violemment affecté; c'est un avantage qu'il falloit réserver à Formosante, et prenant plaisir à nous affliger avec elle, nous oublions tout ce qui s'est passé. Qu'elle opère cette révolution par des plaintes dignes d'elle et bien assorties à sa situation.

Filles des rois, notre sort fait envie,
Que nous payons bien cher les honneurs souverains!
Nous recevons l'encens du reste des humains,
Et c'est pour eux que l'on nous sacrifie!

Il me semble que cette exclamation, qui décèle une grande vérité dans la position où est Formosante, doit produire un grand effet. On se rappellera Iphigénie sacrifiée, Didon, Bérénice et tant d'autres princesses qui ont été obligées de sacrifier leur amour à la politique. On sentira que Formosante préféreroit la condition la plus obscure au rang de Princesse. Voltaire a pourtant dit:

Souffrir n'est rien, c'est tout que de décheoir.

Eh bien, Formosante déchoiroit volontiers, jugeons donc combien elle est à plaindre! Dans toute la suite de la scène, elle nous intéressera d'autant plus que ce qu'elle raconte aigrit sa douleur et accroît son tourment.

(21) L'esprit ne se sent point plus vivement frappé,
Que lorsqu'en un sujet d'intrigue enveloppé,
D'un secret, tout-à-coup, la vérité connue,
Change tout, donne à tout une face imprévue.

C'est ce que produit ici l'arrivée d'AMAZAN. On ne s'y attendoit pas. Nous regardions le roi des Scythes comme futur époux de la Princesse. Voyons maintenant comment le poëte se tirera de cette complication d'événemens, tous conformes à la tradition, et pour s'en convaincre, il faut lire notre modèle, que nous citons toujours avec plaisir, et dont nous n'avons garde de nous écarter, autant que la différence qu'il y a d'un conte à une tragédie, nous permet de le suivre.

(22) J'ai hésité long-tems avant de me décider à parler du Phœnix. Il joue un si grand rôle dans Voltaire, que j'ai cru ne pas pouvoir le passer sous silence. D'ailleurs, ayant imaginé de faire du Phœnix un Dieu, protecteur d'Amazan; comme Minerve l'est de Télémaque sous le nom de Mentor, j'ai renforcé par ce moyen l'intérêt qu'inspire

Amazan ; et il est tel que ces héros d'Homère qui sont assistés par quelques divinités protectrices : « C'étoit, » dit Voltaire, en parlant d'Amazan, le visage d'Adonis » sur le corps d'Hercule; c'étoit la majesté avec les graces. » Tous les spectateurs, en comparant Formosante à » l'inconnu, s'écrioient : *il n'y a dans le monde que ce » jeune homme qui soit aussi beau que la Princesse.* » Pour instruire et intéresser davantage, j'avois cru une courte description relative au Phœnix, nécessaire, d'autant plus qu'Amazan y étaloit avec complaisance les qualités merveilleuses de son ami, et alors voici comment la scène étoit filée.

Je confiois ma peine à cet ami sensible,
A ce divin Phœnix, cet oiseau sans pareil ;
Dans l'empire des morts il ne doit point descendre,
Son trépas n'est qu'un court sommeil,
Et sur le bûcher même, aux rayons du soleil,
Il renait de sa propre cendre.
Par-tout il m'accompagne et dirige mes pas ;
C'est à la faveur d'un tel guide,
Que porté dans les airs, par son aile rapide,
Aussi prompt que l'éclair j'arrive en ces climats.
Par sa suprême intelligence. . . . etc.

Ces vers font allusion à ce que dit Voltaire de la poste aux pigeons, et des deux griffons qui transportèrent Formosante et Irla, de l'Arabie Heureuse, aux bords du Gange ; mais est-il à propos de réveiller ainsi toutes les idées burlesques du Roman, et ne devons-nous pas, au contraire, en user avec sobriété ? C'est sur quoi le bon goût des personnes que j'ai consultées, m'a décidé à sacrifier la variante qu'on vient de lire.

(23) Ce Duo exprimant l'amour presque heureux, aura quelques affinités avec le beau duo D'ARMIDE, *aimons-nous*, et avec celui D'ATYS, *jurons de nous aimer toujours.* En se pénétrant des chants mélodieux, qui font que l'on ne peut pas oublier ces deux duo, une fois qu'on les a entendus, le compositeur en fera un troisième, digne d'être comparé à ces chef-d'œuvres des Gluck et des Piccini. Mais qu'il prenne bien garde que son motif n'ait aucune ressemblance avec ceux de ces deux illustres Auteurs ; il vaut mieux faire moins bien qu'eux, que de rien écrire que l'on puisse accuser d'imitation ; car alors, on oublieroit Formosante et Amazan, pour ne plus songer qu'à Sangaride et Atys, ou bien à Armide et à Renaud.

(24) Bélus reparoît ; nous ne l'avons pas vu depuis le premier acte. Rappelons-nous bien quel est son caractère, afin de le lui conserver. Il ne dit ici que ce que la situation exige, et c'est ainsi que le Poëte auroit voulu écrire tout son Opéra, mais

Un Poëme excellent, où tout marche et se suit,
N'est pas de ces travaux qu'un caprice produit.
Il veut du tems, des soins ; et ce pénible ouvrage
Jamais d'un écolier ne fut l'apprentissage.

Cependant, en souscrivant sans appel à ce jugement prononcé par le législateur du Parnasse, nous rapporterons les motifs qui militent en notre faveur. Voici ce qu'a dit un critique de nos jours : « La scène lyrique est moins » jalouse de la régularité que de la pompe, de la vrai- » semblance que du merveilleux, de la morale que du » sentiment. Pourvu qu'on choisisse bien son sujet, qu'on » en règle ingénieusement l'économie, qu'on distribue ses » personnages avec choix, que les situations forment des » tableaux ; pourvu que la fable soit susceptible d'incidens » extraordinaires, de divertissemens délicatement va- » riés, et tirés du fond même de l'intrigue, de décorations » pompeuses ou agréables, on sera toujours sûr de rem- » plir l'objet de cette partie de nos spectacles, et de la » sauver des dégoûts d'une ennuyeuse monotonie ». Nous laissons à juger à nos lecteurs si notre PRINCESSE n'a pas une grande partie des qualités exigées par le critique.

(25) Que le compositeur en faisant cet air, ait sans cesse M. LAINEZ devant les yeux. Qu'il le voie dans le rôle d'Achile, au moment où il chante, *Cruelle, non jamais votre insensible cœur..... etc.* Qu'il le voie dans le rôle d'Admette, chantant, *Bannis la crainte et les allarmes* ; dans Renaud, *Déjà la trompette guerrière* ; dans le Cid, *Marchons, la gloire nous appelle*, et mieux encore quand il dit à Chimène ;

Ah ! ce mot a dû me suffire,
Ennemis et rivaux, paroissez, armez-vous,
Avec un tel espoir je puis vous braver tous.

Qu'ici le musicien s'identifie avec l'acteur, pour peindre l'enthousiasme de la gloire et l'ivresse de l'amour. Dans une Tragédie parlée, je retrancherois ces deux vers, *j'immolerois mes rivaux même, pour posséder autant d'appas.* Ils n'ajoutent rien aux vers précédens, mais ils peuvent être d'un grand secours au Musicien, et à l'Acteur sur-tout, qui, par des gestes fiers et menaçans, nous montrera, pour ainsi dire, le Roi des Scythes, le Pharaon et l'Empereur des Indes, vaincus et désarmés, lui demandant grace. Cet air prépare la sortie d'Amazan, et que feroit-il en scène, après cet éclat? Il ne pourroit qu'y décheoir : il profite donc de tous ses avantages, en se soustrayant à nos applaudissemens. En le voyant sortir, Bélus dit à sa fille, *j'admire ce noble courage ; cette fierté, ma fille, est un heureux présage.* Il faut que nous soyons de l'avis de Bélus, et que ce qu'il dit, en cette occasion, ne soit que ce que nous pensons nous-mêmes, autrement l'effet dramatique que veut produire le Poëte est absolument manqué. Cependant il a cru remplir la tâche prescrite par Boileau dans ces vers;

Voulez-vous long-tems plaire, et jamais ne lasser?
Faites choix d'un Héros propre à m'intéresser,
En valeur éclatant, en vertu magnifique,
Qu'en lui jusqu'aux défauts, tout se montre héroïque.

Si ce portrait ressemble à celui d'Amazan, nous pouvons être sûrs de tout l'effet qu'il produira.

(26) Voilà bien l'amour, cette passion aveugle et impérieuse, qui ne vit que de désirs, de trouble et d'inquiétude. A peine Amazan a disparu, que Formosante est prête à répandre des larmes : *Par sa présence*, dit-elle, *il calmoit un effroi, que maintenant je ressens malgré moi.* En prononçant douloureusement ces vers, elle ne cesse de regarder la coulisse par laquelle son amant a quitté la scène. Elle fait, sans s'en appercevoir, quelques pas pour le suivre, mais son père la retient et la console; il commence ce Duo; *Bannis la crainte et la tristesse, bannis une vaine terreur.* Formosante se laisse aisément persuader par un père qu'elle adore, et dont elle est tendrement aimée. Le duo qui est mouvement *d'andante*, devient *allegro*, à la répétition de la première pensée, *Plus de crainte, plus de tristesse* . . . etc. Il faut que ce duo contraste bien avec celui qu'Amazan vient de chanter, et sur-tout avec son air de triomphe. Cette cinquième scène doit être plus tendre, plus affectueuse que passionnée. Elle lie l'action, et rendant le calme à Formosante, elle la met en état de recevoir convenablement l'hommage de ses prétendans, dans la scène qui suit; d'ailleurs elle est assurée d'y voir son cher Amazan, et cela suffit pour la rassurer.

Les Scythes, les Egyptiens, les Indiens, les Gangarides,

des, entrent en foule sur la scène; le chœur qu'ils chantent doit ressembler à ces émeutes populaires, d'autant plus vives, que des quatre nations réunies, une seule peut avoir Formosante pour souveraine; ainsi, quoique chantant les mêmes paroles, qui les mettroient au comble de la joie, si elles étoient accomplies, chacun craint pour soi, et redouble en conséquence sa prière. Le chœur des Babyloniens est tout-à-fait différent. Ils sont enchantés des hommages que l'on rend à Formosante; on diroit qu'ils partagent avec elle les sentimens que lui témoignent tant de peuples, si jaloux de l'avoir pour Reine. Le poëte voudroit que le musicien, après avoir fait chanter ces deux chœurs séparément, pût les réunir. Nous avons plusieurs exemples heureux de cette réunion de paroles, qui, bien que d'un mètre différent, s'accordent parfaitement entre elles, malgré la discordance des rimes. Le duo de *Montauciel* et du *Grand Cousin*; celui de *Sophie* et d'*Honora*, dans TOM-JONES; le chœur des *Paysans* et des *Buveurs*, dans COLINETTE A LA COUR, sont autant de morceaux qui font toujours plaisir; et l'on peut sans doute suivre de tels modèles, quand la situation y prête autant que celle où nous nous trouvons. Les Scythes, Egyptiens, Indiens, Gangarides, étant plus nombreux que les Babyloniens, domineroient; mais ceux-ci, qui se félicitent du bonheur et de la gloire de Babylone, doivent réellement faire moins de tapage que les autres peuples, qui chanteroient les dessus et la haute-contre, tandis que les Babyloniens completteroient l'harmonie, en chantant les parties de taille, basse-taille et basse-contre.

(28) Voltaire raconte, très en détail, quels furent les présens, qu'Amazan et les trois rois firent à Formosante. Il rapporte les vers d'Amazan, écrits en beau langage caldéen sur une tablette d'ivoire; et ce sont ces mêmes vers que nous avons conservés ici, en y faisant les changemens indispensables, pour les adapter à la situation. Nous avons été assez heureux pour conserver, sans le mutiler, ce quatrain charmant et plein de délicatesse:

L'arc de Nembrod est celui de la guerre;
L'arc de l'Amour est celui du bonheur;
Vous le portez: par vous ce dieu vainqueur
Est devenu le maître de la terre.

(29) Dans les éloges donnés à Formosante, l'auteur a tâché de varier agréablement la galanterie, et de faire parler chaque nation convenablement à son génie particulier; mais ce qui doit faire réussir cette scène, c'est le talent du maître des ballets et des premiers danseurs. M. LAURENT et madame PERIGNON, dans le pas égyptien; M. NIVELON et mademoiselle COULON, dans le pas Indien; M. GARDEL et mademoiselle SAULNIER, dans le costume scythe; et enfin M. VESTRIS et mademoiselle MILLER, en berger et bergere gangarides, sont autant de merveilles, qui seront applaudies avec transport. C'est ici vraiment que le poëte, le musicien et le maître des ballets font assaut de talens, pour captiver et réunir tous les suffrages: l'un varie son style, l'autre y donne l'expression et le caractère propres à chaque peuple; le troisième se confond avec le musicien; et profitant des airs de danse, tantôt fiers, tantôt voluptueux, et toujours originaux, il nous fait tour-à-tour admirer les inimitables modèles que nous avons sous les yeux. Que M. GARDEL soit pour nous le dieu Mars, et mademoiselle SAULNIER la déesse de la beauté; que subjugués par la vérité et la majesté de la pantomime, nous leur fassions malgré nous l'application de ce couplet:

La déesse de la beauté
Sçut vaincre le dieu de la guerre......etc.

Mais que M. VESTRIS et mademoiselle MILLER leur succédant, nous ne sachions plus à qui prodiguer nos applaudissemens. De-là ces préférences qui divisent les opinions des amateurs, et qui prouvent si bien la supériorité des talens de ceux qui en sont l'objet.

(30) Le Sextuor, *souverain maître du tonnere*, couronne l'acte; il est répété par un chœur général et des plus nombreux. Il faut donc que ce morceau l'emporte sur tous les chœurs précédens du prémier, du second et du troisième acte. C'est une invocation à la divinité, et une invocation faite par cinq peuples et cinq souverains réunis. Le chœur des rois et des chevaliers dans le premier acte de Renaud, donne une idée de l'effet que doit produire ici le compositeur. Qu'il voye avec quelle énergie *Sacchini* fait dire à ses héros:

« Arbitre souverain du sort!
» Toi, dont nous adorons la suprême puissance, etc. »

C'est en renchérissant sur *Sacchini*, que l'on est bien sûr de réussir ; car tel est l'ascendant des grands maîtres, qu'ils consignent dans leurs partitions ces émotions profondes qui les immortalisent, et qui font passer leurs noms et leurs ouvrages à la postérité.

ACTE QUATRIÈME.

(31) Qu'en un lieu, qu'en un jour, un seul fait accompli,
Tienne jusqu'à la fin le théâtre rempli.

Dociles à cette loi, la première de toutes, nous restons dans Babylone depuis le commencement de la pièce jusqu'à la fin. Au lever de l'aurore, le grand-prêtre nous racontoit son songe oraculeux, dans ce même temple où nous nous retrouvons après le soleil couché ; les vingt-quatre heures ne seront pas écoulées, que la prédiction de l'oracle sera accomplie ; et c'est cette prédiction qui fait le nœud de la pièce. A qui trouveroit mauvais que nous fissions éclater la catastrophe la nuit, nous lui rappellerions ces vers, que Corneille met dans la bouche de Rodrigue, vainqueur :

O combien d'actions, combien d'exploits célèbres,
Sont demeurés sans gloire au milieu des ténèbres,
Où chacun, seul témoin des grands coups qu'il donnoit,
Ne pouvoit discerner où le sort inclinoit !

Tout est illusion au théâtre, et c'est ce secret des grands maîtres d'enflammer notre imagination, qui est vraiment admirable. Ces entraves, qui les empêchent de nous révéler tout ce qui s'est passé, font que nous nous exagérons les faits bien au-delà de ce qu'ils auroient pu nous dire.

Un auteur, quelquefois trop plein de son objet,
Jamais sans l'épuiser n'abandonne un sujet.

Et c'est vraiment alors qu'il nous fatigue et nous ennuie.

Voyons comment la Princesse de Babylone évitera ces excès ; il faut,

> Que dans tous ses discours la passion émue,
> Aille chercher le cœur, l'échauffe et le remue.

La voilà isolée, dans le temple, d'où son amant vient de partir, pour aller combattre le monstre. A combien de sentimens divers cette malheureuse princesse est en proie ! Le moindre bruit porte la terreur dans son ame et la fait frissonner. C'est à l'orchestre à la tourmenter. L'air qu'elle chante est un *adagio con sordini* ; mais que les accompagnemens imitent ces flots orageux qui préparent la tempête. Que ce soient des abymes entrouverts, et prêts à nous engloutir. Quelle suite de tableaux effrayans dans le récitatif, *je vois le monstre affreux assouvissant sa rage*... à ces mots, *quels cris plaintifs, et quels mugissemens !* Que les Bassons, les Trombonnes nous fassent entendre tout ce vacarme infernal. Ensuite une Clarinette peindra *cette voix lamentable, dont l'écho porte au loin les longs gémissemens*. Mais après cela, que les dissonnances se succèdent rapidement, plus d'ordre, plus de liaison dans les instrumens ; qu'ils soient comme Formosante ; prêts à succomber à la douleur et au désespoir ; que quand elle dit : *je meurs*, tout l'orchestre expire avec elle. Aldée qui la soutient, dira, sans aucun accompagnemens, *reprenez vos esprits*.... etc., la Basse ne commencera à se faire réentendre que sur ce vers : *vivez pour Amazan, vivez pour votre père !*

Irla prenant la parole, dit : *Vous veniez dans ce sanctuaire pour consulter l'interprète des Dieux*.

Formosante, au fort de sa crise, avoit oublié ce moyen de consolation qui avoit motivé sa venue dans le temple ; elle s'en souvient, et cela ne contribue pas peu à la faire revenir à elle-même. Cependant la secousse a été si forte, qu'elle ne peut se remettre tout de suite, et son délire va en diminuant ; mais il continue jusqu'à l'arrivée du grand-prêtre.

(32.) Il faut dans la douleur que vous vous abaissiez,
Pour me tirer des pleurs, il faut que vous pleuriez.

Aussi Formosante, qui veut attendrir le grand-prêtre, lui parle ainsi :

> Pontife, qui du peuple avez séché les larmes,
> Par pitié dissipez mes mortelles alarmes !... etc.

La réponse du Pontife contraste avec le désespoir de Formosante. Il dit entr'autres choses : *Le temple a retenti de mille cris de joie.* L'orchestre devient calme et paisible. La mesure est régulière, ni vive, ni lente ; mais que cette situation dure peu, et que l'arrivée de Bélus, nous replonge bientôt dans la consternation la plus profonde.

(33.) Ici commence le dénouement. Bélus a suivi les princes au combat, et il en arrive effrayé de ce qu'il a vu ; aussi sa narration se ressent-elle du trouble de son esprit. Heureusement le grand-prêtre se trouve là très-à-propos, pour le rassurer ; et comme ce grand-prêtre est un prophête, ce qu'il dit produit tout son effet.

> Du sein d'un prêtre ému d'une divine horreur,
> Apollon par des vers exhala sa fureur.

C'est encore en suivant les préceptes de Despréaux que nous avons construit cette scène. Nous y rappellons les événemens qui ont été détaillés dans l'exposition. Nous apprenons que le Roi des Indes n'a péri que parce qu'il étoit complice d'*Oylus*, de cet *Oylus* qui avoit projetté d'envahir le trône de Babylone, en assassinant Bélus. Il est tout naturel que ce pontife ambitieux ait cherché à se faire des alliés ; et tout brave et loyal que nous a paru l'Empereur de l'Inde, on ne nous dit rien d'incroyable en nous faisant part qu'il étoit du nombre des conjurés. Peut-être lui-même n'aspiroit-il à la main de Formosante, que pour détrôner Bélus son beau-père ; mais comme tous ces détails sont inutiles à l'action qui nous intéresse, nous ne devons pas nous y appesantir.

> (34) Que le trouble toujours croissant de scène en scène,
> A son comble arrivé, se débrouille sans peine.

Nous ne sommes pas étonnés d'apprendre la fuite du roi d'Egypte, cette lâcheté est analogue à son caractère ; et nous avons dû nous y attendre en le voyant se décider à combattre avec les autres princes ; ou bien si nous avons été trop occupés pour en faire la réflexion, maintenant que le fait est arrivé, nous n'en devons pas être surpris.

Ce qui rend ce récit de l'Officier Babylonien curieux, c'est ce qu'il raconte de l'altercation entre Amazan et le roi des Scythes sur le champ de bataille. *La colère est superbe et veut des mots altiers.* Aussi les six vers qui expriment la colère du roi Scythe sont-ils pleins de cette arrogance qui sied si bien aux héros. Que l'on remarque que si Amazan lui cède, c'est parce que le sort avoit décidé que le roi des Scythes combattroit avant lui. D'ailleurs, le peuple, à qui il importe peu qu'Amazan triomphe plutôt que le roi Scythe, le peuple se déclare pour celui-ci, qui dans le fait a raison de réclamer l'arc dont Amazan s'empare, au moment où il échappe des mains du Pharaon qui fuit.

Le chœur *victoire, victoire, victoire!...* sera préparé par l'orchestre, qui, vers la fin du récit de l'officier, imitera le tumulte d'une multitude qui s'approche, et cela pendant que l'officier parle encore, afin qu'il n'y ait pas la moindre interruption entre le chœur et le récit. De même Formosante, qui s'agite sur la scène, prend vivement la parole. Elle est au désespoir, et le Compositeur ajoutera à ses imprécations, en les accompagnant de tout ce que la musique offre de plus terrible. Au moment où la Princesse tombe sur les marches de l'autel, le Grand-Prêtre prononce le mot *tremblez*, et ce mot doit être un coup de foudre pour les acteurs et pour les spectateurs; Bélus seul transporté par son amour pour sa fille, aura assez de force pour élever la voix, et invoquer Sérapis. Le reste de la scène est soumis au grand-prêtre. Il continue de parler en inspiré, et son rôle qui finit ici, doit être dignement soutenu par le compositeur.

(35) Le Hérault d'armes achève le dénouement, en annonçant la mort du monstre.

> Soyez vif et pressé dans vos narrations.
> Soyez riche et pompeux dans vos descriptions.

C'est précisément ce que l'Auteur a tâché d'être; car quoi de plus vif que cette fin du récit:

> C'est alors qu'Amazan prenant l'arc à son tour,
> Invoque Sérapis, Formosante et l'Amour,
> Délivre son rival, et se couvrant de gloire,
> Remporte aux yeux de tous une double victoire.

Quant à la partie descriptive, on croit n'avoir surchargé le tableau d'aucun incident qui n'ajoute à la perfection de l'ensemble. C'est au Musicien à bien faire valoir les détails de ce récit, et sa tâche est d'autant plus difficile, que ce récit est précédé d'un autre aussi long. Mais tel a été l'inconvénient attaché au sujet, dès le moment qu'il a été décidé que le monstre ne paroîtroit pas sur la scène. On ne se prête plus à l'illusion de ces sortes de combats, dont toute la gloire est pour le machiniste, qui, malgré son art, ne peut jamais parvenir à nous tromper, au point de nous faire frémir à la vue d'un Dragon qui a des ailes de carton, et qui, la gueule remplie de pétards, vomit au lieu de sang, un feu d'artifice. D'ailleurs, le talent d'un acteur ne consiste pas à se mesurer comme un gladiateur avec des bêtes féroces; mais au contraire on doit éviter de surcharger leurs rôles de ces situations pénibles, qui les fatiguent en pure perte, et nuisent singulièrement à la perfection du chant.

Le poëte, bien convaincu de la difficulté qu'il y auroit à mettre les deux récits en musique, a ménagé au compositeur, une ressource infaillible; c'est d'abandonner la narration, en mettant, pour ainsi dire, le roi Scythe en scène:

Arrête, téméraire, et respecte des Dieux
La volonté suprême.... etc

Ces vers et les suivans seront rendus par l'officier Babylonien, comme s'il étoit lui-même le roi Scythe, et comme s'il disputoit véritablement à Amazan l'arc de Nembrod... etc. Ce premier récit est séparé du second par les imprécations de Formosante, et quand le Hérault d'armes arrive, pour achever de rendre compte de la catastrophe, d'un mot il change la scène.

Seigneur, le monstre est mort, Amazan est vainqueur.

Mais sans doute qu'il importe beaucoup aux spectateurs de savoir comment Amazan a remporté la victoire, et cette curiosité est ce qui nécessite ce second récit, coupé de manière à obliger le musicien de précipiter ses phrases. Ici, comme dans l'exposition faite au commencement du premier acte, par le Grand-Prêtre, il faut une grande habileté pour faire disparoître les longueurs; cependant ces différentes descriptions tenant immédiatement au fond du sujet, il est presque impossible de les abréger. D'ailleurs, ni l'exposition ni les deux récits en question, ne peuvent affoiblir l'intérêt, puisqu'ils font eux-mêmes marcher l'action, et qu'ils sont suivis de scènes d'autant plus goûtées par le spectateur, qu'il n'est plus obligé d'y prêter autant d'attention. A la lecture, on trouve souvent à redire à des tirades, qui réussissent parfaitement au théatre, où le talent du musicien et le jeu passionné des acteurs, savent échauffer et animer ce qui avoit d'abord paru froid et sans effet.

En concevant le plan de mon ouvrage, j'avois tracé une scène, dans laquelle Amazan et les trois Rois essayoient, l'un après l'autre, de tendre l'arc de Nembrod; en cela j'avois copié Voltaire; mais je me suis souvenu à tems de la scène de l'arc, dans *Rose et Colas*, et j'entendois déjà un accompagnement de sifflets qui m'entroient dans les oreilles, et les plaisans chanter : *Ah, comme il y viendra*....

Dans un roman frivole, aisément tout s'excuse;
C'est assez qu'en courant la fiction amuse :
Trop de rigueur alors seroit hors de saison :
Mais la scène demande une exacte raison.
L'étroite bienséance y veut être gardée.

Voilà ce que j'ai gagné à méditer la Poëtique de Boileau; c'est la pierre de touche qui m'a servi à distinguer le bon or du mauvais.

(36) Une marche imposante et dans un ton brillant, préparera l'arrivée d'Amazan. Sa victoire fait que nous ne regardons que lui : c'est pourquoi il prend la parole, afin de répondre à notre impatience. Toute cette scène doit avoir un caractère de grandeur, qui nous rappelle la belle scène de l'oracle au premier acte; et, dans le fait, les principaux personnages se trouvant réunis dans le temple, il faut que tout s'y passe dans la plus grande pompe, et que la musique, abandonnant la terreur et la tristesse, devienne imposante et sublime.

Aux accens dont Orphée emplit les monts de Traace,
Les tigres amollis dépouilloient leur audace :
Aux accords d'Amphion les pierres se mouvoient,
Et sur les murs Thébains en ordre s'élevoient.
L'harmonie en naissant produisit ces miracles.

Ici, le Quinque qui termine la scène est si beau que les Dieux en sont touchés, et se rendent aux vœux des interlocuteurs.

Ainsi dans cet amas de nobles fictions,
Le poëte s'égaie en mille inventions,
Orne, élève, embellit, agrandit toutes choses,
Et trouve sous sa main des fleurs toujours écloses.

(37)

(37) Corneille dit dans son premier discours sur le poëme dramatique : « Comme il est nécessaire que l'action » soit complette, il faut aussi n'ajouter rien au-delà, » parce que quand l'effet est arrivé, l'auditeur ne souhaite plus rien, et s'ennuie de tout le reste. Ainsi les » sentimens de joie qu'ont deux amans qui se voient réunis après de longues traverses, doivent être bien » courts. » Aussi, loin d'occuper le spectateur de l'amour de Formosante et d'Amazan; je profite des ressources qu'offre l'opéra, et j'ai recours à la machine. J'ai cru que l'apparition de Sérapis, la métamorphose du Phœnix, et l'intervention de l'Amour, étoient très-assortis au théatre lyrique, et qu'un luxe bien entendu de décorations, amenoient merveilleusement la fête, qui peut se prolonger tant qu'on voudra, parce que l'esprit étant satisfait, on se prête à porter toute son attention sur le ballet.

(38.) Je voudrois que ce dernier ballet fut fait sur l'ouverture de la tragédie. On a du plaisir a ressentir en abrégé toutes les émotions dont on a été affecté pendant la pièce; et la simphonie qui sert de prologue, devant exprimer les motifs les plus saillans, on les apprécie encore mieux à la fin de l'ouvrage, quand ils ont produit tout leur effet dans le cours du drame. Joint à cela, que nous voyons réparoître une partie des premiers sujets dansans, qui ont pris part à l'action. Mademoiselle Rose, messieurs Goyon & Frédéric, mesdemoiselles Duvaly et Chavigny, seroient très-bien placés dans les pas babyloniens, qui seront entremêlés avec les pas scythes, dansés par monsieur Gardel et mademoiselle Saulnier; et les pas gangarides, aussi dansés comme dans la fête du quatrième acte, par M. Vestris et mademoiselle Miller. Je dois recommander, en finissant, au compositeur, de ne pas s'écarter du plan que nous nous sommes tracés, de faire une tragédie lyrique, et non un opéra, qui, à la faveur de la baguette magique, admettroit tous les tons et toutes les nuances. Il faut que jusqu'aux airs de danse, tout ait la couleur tragique; et il n'est pas jusqu'à nos bergers gangarides, qui ne doivent se ressentir de l'influence de l'étoile qui nous domine.

P. S. On voit que je suis redevable à Voltaire de

toutes les richesses accumulées dans cet opéra. Heureux si j'ai atteint le but que je me suis proposé, en resserrant dans ce poëme les beautés répandues en si grand nombre dans le roman qui m'a servi de modèle ! Cependant, nous croirions n'avoir rien fait de véritablement utile, si nous ne terminions notre travail, en prouvant comment il convient d'établir cet ouvrage, pour en obtenir l'effet que nous en attendons; car nous le regardons comme devant être du nombre de ceux que le public revoit toujours avec plaisir chaque fois qu'ils sont remis. Or, pour bien nous rendre compte de l'exécution, il faut d'abord considérer chaque acte en particulier, et résumer ensuite, par un dernier apperçu, sur le nombre des sujets employés dans tout le cours de la représentation; et enfin examiner la dépense à faire pour les décorations et les costumes. Le premier acte, qui se passe dans le temple, a beaucoup d'affinité avec le premier acte d'Alceste, puisqu'il est question dans l'un et dans l'autre, d'oracle et de sacrifice, en présence d'une multitude rassemblée. Grace à la perspective et à l'illusion théâtrale, cette multitude se réduit à soixante-quinze personnes; savoir: le roi, le grand-prêtre, huit autres prêtres, deux coriphées, quatre courtisans, six pages, le peuple représenté par quarante-deux chanteurs des chœurs, dont moitié hommes et moitié femmes; enfin, onze sujets de la danse, dont trois premiers sujets. Si le maître des ballets le juge à propos, il pourra prendre aussi les six enfans, destinés à danser les amours au dernier acte, et les employer dans le premier, en qualité d'enfans de chœur, pour parer l'autel et aider au sacrifice, ce qui éléveroit la quantité des personnages dans ce premier acte, *à quatre-vingt-un*.

Le second acte est plus chargé. Il y a cinq scènes dont il est à propos de suivre méthodiquement le détail. Dans la première sont, 1°. vingt-deux babyloniens, onze hommes et onze femmes, du nombre des quarante-deux qui ont assisté au sacrifice dans le temple, au premier acte. 2°. Quatre compagnies de soldats, de chacune huit hommes, ayant chacune un officier à leur tête; et ces officiers sont pris parmi les danseurs, tandis que les trente-deux gardes sont de véritables soldats. L'officier qui les commande en chef, est un chanteur. Total, cinquante-neuf personnes. A la seconde scène survient un hérault d'armes, ce qui porte ce premier total à soixante.

Scène troisième. Le Pharaon d'Egypte arrive, accompagné de huit prêtres d'Isis; les mêmes, si l'on veut, que les huit qui étoient dans le temple de Sérapis, au premier acte, et qui auront un costume différent. Plus, dix sujets de la danse, habillés en magiciens et magiciennes; six esclaves traîneront le char. Second total, vingt-cinq personnes.

Scène quatrième.---Arrivée de l'empereur des Indes, sur un éléphant blanc, suivi de deux autres éléphans; chacun de ces animaux paroissant gouverné par un enfant assis entre la trompe et le milieu du dos de l'animal. La suite de l'empereur sera composée de dix huit personnes, dont quatre du nombre des chanteurs des chœurs, douze soldats, et deux danseurs pour chefs de file. Troisième total, vingt-huit personnes, en y comprenant les six soldats, qui supporteront et seront cachés sous les robes de représentation des éléphans.

Scène cinquième.---Le roi des Scythes est porté par six soldats, entouré de treize autres guerriers, dont un danseur, ayant l'air de commander l'escorte; quatre chanteurs des chœurs les plus forts et les plus grands, et huit soldats. Comprenons, dans ce dernier dénombrement, le danseur qui vient à la fin de la scène, pour indiquer aux rois le desir que Bélus a de les recevoir dans son palais, et nous aurons vingt-un personnages de plus à cette cinquième scène, lesquels cumulés avec soixante des deux premières, vingt-cinq de la troisième, et vingt-huit de la quatrième, font bien en tout *cent trente-quatre individus*, à-peu-près le même nombre qui est dans l'opéra de Chimène, quand Rodrigue a vaincu, et que l'on amène les rois captifs.

Sur ces cent trente-quatre individus, remarquons qu'il y a quarante-trois chanteurs, vingt-un danseurs et soixante-dix soldats; ce qui rend cet acte, tout compliqué qu'il paroît, très facile à établir.

Pour mieux s'en convaincre encore, on peut relire quelques-unes des notes ci dessus, la quinzième sur-tout; et le maître des ballets s'entendant bien avec le décorateur, pour l'ordre des marches et la perspective des décorations, eu égard aux divers grouppes qui garnissent la scène, on ne peut pas douter que cet acte ne soit un des plus beaux que l'on puisse jamais voir au théâtre lyrique. Les convenances mêmes sont observées, par rapport aux suites des rois; elles sont tout aussi nombreuses qu'il le faut, et cependant il est permis, au théâtre, de diminuer sur la réalité de tous ces accessoires. Ce ne sont pas même là des licences dramatiques; et l'on est accoutumé, de tout tems, à se contenter de peu de monde, envers ce qu'il en faudroit, par exemple, pour représenter une émeute populaire; d'ailleurs, j'indiquerai plus bas les moyens de beaucoup diminuer de cet appareil, si on veut; car ce qui doit principalement faire la fortune de ce second acte, c'est d'y voir réunis messieurs LAÏS, ROUSSEAU et CHÉRON, qui y chantent chacun un air; le premier même en chante deux; et ils se réunissent pour le trio qui termine la cinquième scène. Quiconque leur a entendu chanter l'*O salutaris*, que M. Gossec fit exprès pour eux, viendra aussi exprès pour entendre la finale de notre second acte.

Dans le troisième acte, il n'y a que la sixième scène à détailler, et elle exige soixante-neuf sujets du chant, et quarante-six de la danse; savoir: pour le chant, Bélus, sa fille, Amazan, les trois rois, deux confidentes; quatre courtisans, sept coriphées, dont une égyptienne, un guerrier scythe, un indien, une indienne, un berger et deux bergeres gangarides; les vingt-deux babyloniens et babyloniennes, déja mentionnés à la première scène du second acte. Enfin, vingt-huit scythes, égyptiens, indiens et gangarides, dont quatre hommes de chaque nation et trois femmes. Quant aux quarante-six sujets de la danse, ils consistent en quarante danseurs et danseuses, énoncés pour les différentes entrées; plus, les six petits pages de Bélus. Total pour cet acte, *cent seize personnages*, en y comprenant le hérault d'armes, qui arrive à la septième scène pour interrompre la fête.

Au moment du dénouement, à la fin de la pièce, on voit en scène *cent cinquante-huit personnages*, dont cinquante sujets du chant, soixante de la danse, et quarante-huit soldats; savoir: pour le chant, Bélus, sa fille, Amazan, le roi des scythes, le grand-prêtre, le dieu Sérapis, l'officier babylonien, le hérault d'armes, deux confidentes, quatre courtisans; les vingt-deux babyloniens et babyloniennes de l'acte précédent, quatorze tant scythes que gangarides, dont huit hommes et six femmes, aussi de l'acte précédent. Pour la danse, vingt-un de Babylone, dix scythes, dix gangarides, sept amours, six petits pages, six danseurs pour conduire les six compagnies de gardes, dont quatre de Babylonne, un scythe et un gangaride; enfin, quarante-huit soldats divisés en six compagnies, de huit hommes chacune.

Il y a à l'opéra quatre-vingt sujets pour le chant, et près de cent pour la danse, en comprenant les élèves de l'école ; il seroit sans doute ridicule de vouloir les employer tous pour l'exécution d'un ouvrage ; mais c'est un grand plaisir à donner au public, que de lui offrir une grande quantité de talens, réunis de manière à ne pas se confondre, mais au contraire se faisant, pour ainsi dire, valoir par opposition les uns aux autres. Aucun rôle n'est pénible dans la *Princesse de Babylonne* ; et c'est un avantage d'autant plus grand, que presque tous les premiers sujets, en hommes, y sont employés, principalement les basses-tailles. En cas de maladie, ou d'absence, il sera néanmoins possible d'y suppléer, en prenant, pour les rôles les moins considérables, des sujets, soit dans les coriphées qui chantent ordinairement dans les chœurs, soit dans les élèves de l'école.

Dans la fête du quatrième acte, madame PONTHEUIL chante seule ; le compositeur pourra lui faire un air de bravoure à roulades ; et il aura sur-tout attention de bien faire contraster le duo indien avec le trio gangaride. Ce duo, chanté par mademoiselle AUDINOT et M. LEFEVRE, aura les intonations faciles, analogues à l'organe de ces deux sujets. Pour ce qui est du trio, il sera vigoureusement exécuté par mesdemoiselles GAVAUDAN et M. RENAUD. Leurs voix sonores, mais agréables et fraîches, exprimeront à merveille les délices que l'on goûte au bord du Gange. C'est en ne négligeant pas même les morceaux, qui ne sont qu'accessoires à l'action principale, que l'on parvient à plaire et que l'on réussit. Ecoutant avidement les critiques qui lui sont adressées, l'auteur prévoit que peut être on exigera qu'il abrége le récit de l'officier babylonien, à la cinquième scène du quatrième acte ; or, si on l'exige, voici comment de vingt-deux vers, il le réduira à huit :

Seigneur, le roi d'Egypte, effrayé du carnage,
Fuit loin de ce rivage.
Le roi scythe, indigné de cette lâcheté,
Pour venger cet affront fait à la majesté,
Saisit l'arc ; et déjà le monstre épouvantable
Est prêt à succomber sous l'arme redoutable ;
Mais soudain il s'échappe, et l'ombre de la nuit,
Semble le dérober au vainqueur qui le suit.

CHOEUR.

Victoire ! . . . . etc.

Pour avoir tout prévu, il nous reste à dire deux mots sur les décorations et les costumes. Quant aux décorations, nulle dépense à faire si on veut. N'y a-t-il pas à l'opéra des temples, des avenues d'arbres, des côteaux en perspective, des gloires, des galeries de palais? Nous n'avons pas besoin d'autre chose. Quant aux grilles magnifiques, indiquées au second acte, c'est au décorateur à y suppléer comme il lui plaira, si les objets énoncés sont trop coûteux. Pour les éléphans, il n'en faut que trois, et cela ne doit pas coûter beaucoup plus que les chameaux de la Caravane. Des chars, des pavois, des présens à offrir dans des vases précieux, ou autrement, il y a de tout cela; d'où l'on peut conclure, que notre ouvrage est un des plus aisé à établir; cependant, quand à lui seul il coûteroit autant qu'un *Ballet en trois actes*, et un *Opéra* aussi *en trois actes* RÉUNIS, il n'y auroit pas à se récrier, puisqu'à lui seul il remplit la durée du spectacle.

Les costumes n'exigent pas non plus des frais considérables, Il y a des habits indiens, scythes et égyptiens; des costumes de bergers......, etc. Il y aura donc très-peu de choses à traiter à neuf; mais quel est le grand ouvrage que l'on puisse monter sans frais? Si l'on peut espérer des succès, sans doute c'est en donnant à chaque sujet, soit chanteur, soit danseur, un rôle qui soit analogue à ses talens, et c'est ce que le poëte a tâché de faire. Il est loin de croire que toutes ses idées seront adoptées; il desire au contraire qu'elles soient modifiées et rectifiées, par les artistes qui daigneront s'occuper de son ouvrage, s'il est vrai qu'un jour il vienne à jouir des honneurs de la représentation.

DISCUSSION.

Après avoir fini le travail que l'on vient de lire, incertain de ce que j'en devois penser moi-même, je le communiquai à quelques amis, qui m'assurèrent qu'il seroit agréé d'emblée à l'Opéra, et qu'il suffisoit pour cela de le présenter au comité. La crainte que leur amitié ne les aveuglât, me fit risquer une démarche auprès de madame *Saint-Huberti*, dont je n'étois pas assez connu pour avoir à redouter une trop grande indulgence. Cette célèbre actrice, qui joue également bien les deux genres comique et tragique, qui parle plusieurs langue, et qui joint à une profonde connoissance de son art, d'autres connoissances très-étendues en littérature, m'accueillit avec bonté. Après m'avoir écouté avec beaucoup d'attention, elle fut satisfaite de mon poëme, au point de m'assurer que je parviendrois à vaincre les difficultés, les dégoûts, les dûretés qu'il falloit me résoudre à endurer, suivant l'usage, tant de la part du comité, que de celle des auteurs favorisés par l'administration. Je remerciai madame *Saint-Huberti* de ses bons conseils, et résolus de me conduire d'après cet adage de notre bon *Lafontaine*.

« Patience et longueur de tems
» Font plus que force ni que rage. »

On a déjà vu, dans la préface de cette brochure, le résultat de ma lecture au comité, le 16 mai 1788; et quoique les tems soient changés, quoique la révolution ait détruit, par-tout ailleurs qu'à l'Opéra, l'influence et la suprématie de ceux qui s'arrogeoient des pouvoirs illégitimes, j'éprouve qu'il est tout aussi difficile d'y aborder aujourd'hui, que sous l'ancien régime. Cependant, quand, par caprice, on auroit résolu de ne recevoir aucun de mes ouvrages, encore est-il vrai de dire, que l'administration de l'Opéra doit des égards à M. *Salieri*, qui a adopté ma PRINCESSE; adoption dont j'ai promis de faire connoître les circonstances; parce que je suis convaincu, premièrement, que c'est rendre service à mes juges, que de les éclairer; et, d'un autre côté, les personnes qui liront cette brochure, par simple curiosité, seront satisfaites, tout-à-la-fois, et de la naïveté et de la sagacité avec lesquelles M. *Salieri* pense, juge et s'énonce. En lisant le fragmens de ses lettres, que je vais rapporter, on reconnoîtra le style et les expressions d'un étranger très-familiarisé avec notre langue; mais avant de rien produire de cette correspondance, je dois dire encore quelques mots qui en faciliteront l'intelligence et les applications.

Huit ans de séjour à Paris, l'habitude d'observer et de réfléchir, ayant beaucoup fréquenté les séances des académies, les clubs (1), les concerts publics et particuliers,

(1) *C'est au* LYCÉE *sur-tout que j'ai les plus grandes obligation; aussi, depuis sa fondation, ai-je passé bien*

les sociétés, même celles des Princes, lorsque pour leur amusement ils faisoient venir dans leurs châteaux les premiers sujets de nos principaux théâtres; plus que tout cela, un gout décidé pour le spectacle de l'Opera, dont, dans mes momens de loisirs, j'étudiais avec soin les partitions, m'avoient acquis une expérience qui me prouvoit combien il me seroit difficile, étant inconnu dans le monde littéraire, d'inspirer de confiance à un célèbre compositeur. Beaucoup de gens regardent un Poëme lyrique comme la partie honteuse de la Littérature, et par conséquent comme fort peu de chose: ne pensant pas tout-à-fait comme eux, quoique n'y attachant pas non plus une grande importance, je me sentois néanmoins humilié quans je venois à réfléchir que M. *Salieri*, à qui je destinois *in petto* mon ouvrage, pourroit le refuser. Or, pour épargner à mon amour-propre ce petit désagrément, j'imaginai de faire envoyer mon Poëme à M. *Salieri*, à Vienne, par un tiers qui le lui confieroit, de la part d'un anonyme, remettant à me nommer et à me faire connoître si l'ouvrage étoit agréé. Voici la réponse de M. *Salieri* à l'ami qui voulut bien effectuer cette commission:

---

peu de jours sans y aller: leçons, lectures, conversations, y inspirent tour-à-tour l'amour des sciences et des arts; ce que l'on y voit, ce que l'on y entend, tout y embrâse l'ame du feu sacré de la liberté et de l'amour du plus pur patriotisme. C'est là que ma verve s'électrise, quand les la Harpe, les Delille, les Garat, enchantant leur auditoire, reçoivent les applaudissemens dus à leur génie et à leurs sublimes compositions; c'est-là que le Poëte et le Musicien, disposés à célébrer les Dieux et les Muses, oublient souvent l'Olympe ou le Parnasse, pour chanter la beauté, les graces, les talens et les vertus de nos sœurs Lycéennes, sur-tout de cette Belle et Bonne, *que Voltaire se plaisoit, avec tant de raison, à appeler de ce doux nom. C'est là, oui c'est là que dans le calme de la méditation, entouré de mille chef-d'œuvres de la nature et des arts, je me plais à monter ma lyre et à remplir mes tablettes. Heureux si Melpomène et Thalie, à qui je les consacre, daignent en agréer l'hommage, et m'admettre un jour au nombre de leurs adeptes les plus chéris!*

Vienne,

» *Vienne*, 8 *Octobre* 1788.

MONSIEUR,

» Mille et mille remercimens pour le charmant Poëme » que vous m'avez procuré. *Le sujet, le plan, la con-* » *duite, m'ont fait, à la lecture, le plus grand plaisir*; » et, je ne manquerai pas, achevé que j'aurai un » Opéra, que je compose actuellement pour le Théâtre » Impérial de Vienne, de me mettre au travail sur ce nou- » vel ouvrage. Les notes jointes au Poëme, me se- » ront aussi très-avantageuses, quand j'aurai fait sur » le Poëme mon dessein musical. Si vous aurez, » en attendant, la complaisance de m'écrire le nom » et l'adresse de l'auteur, je lui enverrai en détail » mes observations, si j'en trouverai à faire pour l'a- » vantage de la musique. La chose ne pourra pas être » pourtant avant la fin du carnaval, parce que j'ai » à peine commencé l'Opéra pour Vienne...., etc.

On ne se fait pas d'idée du plaisir que me causa cette lettre. Pendant plus de huit jours, je la relisois à chaque instant, et si les obstacles que Madame *Saint-Huberti* m'avoit prédit, se retraçoient quelquefois à mon imagination, aussi-tôt je parodiois involontairement, d'une manière analogue à ma position, ces vers que chante Sidonie à Armide :

Ah ! pourquoi me troubler d'une image légère
Que la crainte produit !
Le beau jour qui me luit
oit disssiper cette vaine chimère,
Ainsi qu'il a détruit
Les ombres de la nuit.

Le chant délicieux et les accompagnemens de ce morceau étoient tellement gravés dans ma tête, qu'ils ont suffi long-tems pour contrebalancer et détruire des terreurs qui, pourtant, n'étoient que trop fondées. D'après la lettre de M. *Saliéri*, qu'on vient de lire, on se doute bien que je ne manquai pas de lui en écrire une bien ampoulée, bien folle, se ressentant, en un mot, de l'heureux délire dans lequel ses expressions obligeantes m'avoient plongé. Voici sa réponse :

MONSIEUR,

» Pour réponse à la lettre que vous m'avez fait
» l'honneur de m'écrire, j'ai le plaisir de vous annon-
» cer que *votre charmant Poëme* m'est non-seulement
» parvenu à Vienne, mais qu'il me plait infiniment,
» et que je me charge très-volontiers de le mettre en
» musique. Je n'ai pas manqué peu de jours après l'a-
» voir reçu de faire mes remercimens à M. de G***,
» pour m'avoir procuré *un Poëme rempli des plus*
» *grandes beautés. . . . etc.* ». Suivent des observations et détails relatifs au dessein musical de certains morceaux, détails un peu longs, et qui seroient ici superflus, d'autant mieux que, d'après ma réplique, M. *Saliéri*, a adopté ma manière de voir, ce qui sera prouvé par sa lettre du 24 janvier 1791, que je rapporterai plus bas.

Si, comme le prétend *Erasme*, il faut commencer par se flatter et s'applaudir soi-même pour avoir des applaudissemens, j'avoue que jamais auteur n'auroit été plus applaudi que moi. Combien de fois je me suis éveillé en sursaut, au milieu de la nuit, croyant entendre d'abord l'Ouverture de mon Opéra, puis le premier Chœur, pendant lequel le public observoit un religieux silence, mais à la fin du songe du Grand-Prêtre, il y avoit un tel bruit de cannes, de bravo, et de claquemens de mains, que j'en étois assourdi, pendant plusieurs minutes, éprouvant ce bruissement douloureux que connoissent ceux qui, à la guerre ou dans des réjouissances, se sont tenus à côté d'une batterie de gros canons un peu bien servie. Cependant, des occupations sérieuses, les préludes de la révolution, et deux volumes que je publiai sur les *finances*, en 1789 et 1790, sus le titre d'ETRENNES FINANCIÈRES, ayant donné le change à mon imagination (1), mes rêves devinrent plus rares et moins fa-

---

(1) *Dans le volume de 1789, on trouve le tableau raisonné de chaque partie des Finances avant la révolution, et dans celui de 1790, on voit l'influence de la révolution sur les finances. Comme c'est le déficit qui a amené la convocation des Etats-Généraux, il résulte que ce volume de 1790, qui motive le passage de*

tiguants. Je ne voyois plus que des scènes détachées. Quand j'étois enclin à la gaieté, c'étoit la fête du troisième acte, qui me mettoit incessamment sous les yeux les tableaux le plus voluptueux : je ne cessois de respirer la vapeur des parfums apportés à Formosante par les Egyptiens ; j'étois ébloui du feu que jettoient les diamans offerts par les Gangarides. Pendant le dialogue du Berger et des deux Bergères, je nageois dans une mer de délices : tout ce qu'ils racontent devenoit pour moi une réalité. J'étois aux bords du Gange, où la nature nous prodiguoit ses plus grands bienfaits. Tantôt les flots du fleuve s'élançoient doucement et nous atteignoient, en nous rafraîchissant, précisément où nous souhaitions. Tantôt les arbres se mouvoient et venoient, en s'inclinant, nous offrir leurs fruits délicieux. Tantôt des grouppes d'oiseaux et de quadrupèdes, se succèdant sous mille formes enchanteresses, se mêloient à nos jeux, et loin de troubler nos plaisirs, ils déposoient à nos pieds leurs duvets, leurs plumages et leurs robes éclatantes. Sur ces lits émaillés de fleurs, Amans heureux !

Tout nous invite aux tendres voluptés ;
Les ïeux sur nous, la nocturne courrière
D'un pas plus lent marche dans sa carrière,
Et pénétrant de ses traits argentés
La profondeur des bosquets enchantés,
N'y répand trop, ni trop peu de lumière.
Ce foible jour, le frais délicieux,
Les doux parfums, le calme des bocages,
Les sons plaintifs, les chants mélodieux
Du Rossignol, caché sous les feuillages,

---

l'ancien régime au nouveau, donne un précis de ces tems mixtes, pendant lesquels les nouveaux journaux, qui se sont multipliés depuis à l'infini, n'existoient pas encore ; et en ce tems-là les anciennes feuilles ne disoient que ce que la Cour leur ordonnoit d'insérer, d'où l'on voit l'utilité des deux volumes dont je parle, comme contenant des matériaux précieux à l'histoire du tems où nous vivons.

Tout, jusqu'à l'air qu'on respire en ces lieux,
Jette dans l'ame un trouble plein de charmes,
Tout attendrit, tout flatte; et de ses ïeux,
Avec plaisir, on sent couler des larmes (1).

D'autres fois, au lieu de ces larmes qu'il est si doux de répandre, je partageois, que dis-je? j'éprouvois toutes les angoisses, toutes les syndérèses de Formosante; un *Spectre*, ressemblant en tous points au Secrétaire de l'Académie Royale de Musique, me poursuivoit et sembloit, au moment de m'atteindre, s'égarer dans l'ombre de la nuit. Comme ma PRINCESSE au quatrième Acte,

. . . . Les épaisses ténèbres,
Le silence du Temple et ses clartés funèbres
Augmentoient mes ennuis en me glaçant d'effroi.

C'étoit sur-tout quand j'avois appris quelques mauvaises nouvelles que j'étois travaillé par cette seconde et funeste espèce de songe. Ils se répétèrent, presque toutes les nuits, pendant un mois, à dater de l'époque que je reçus la Lettre que voici :

---

(1) *Ces vers sont du Poëme de M.* MALFILATRE, *intitulé* Narcisse dans l'Isle de Vénus, *ouvrage peu répandu, quoique charmant et comparable à ce que notre littérature offre de plus frais, de plus décent et de plus gracieux dans le genre érotique. La première fois que je lus ce Poëme, je ne pus fermer le livre avant de l'avoir achevé, et soudain prenant la plume j'écrivis aussi, sans m'arrêter, et, pour ainsi dire, d'un seul trait, mon plan des* BAINS D'APOLLON *et de* DIANE *que je propose de construire au Palais-Royal, à la tête du Cirque, ayant pour point central la pièce d'eau. Ayant imprimé ce Plan dans mes* ETRENNES *de 1790, dont je viens de parler dans la note ci-dessus, quelques journalistes, entre autre* le Moniteur, *m'en firent un reproche, comme objet déplacé dans un ouvrage sérieux. Je conviens que, sous ce point de vue, ils avoient raison; mais comme je desire voir exécuter ce que je propose, par des Capitalistes, des Financiers ou autres spéculateurs, entre les mains de qui mon livre devoit nécessairement tomber, on doit convenir aussi que, sous ce point de vue, je n'ai pas eu tort.*

« *Vienne*, 16 *Août* 1789.

MONSIEUR,

» Ji j'ai tardé si long-tems à répondre à la Lettre que
» vous vous êtes donné la peine de m'écrire dans le mois
» de Février, par les raisons que je marquerai ci-après, je
» n'aurais pas hésité un moment à m'acquitter de mon de-
» voir après la dernière de vos lettres, Monsieur, mais
» les terribles nouvelles qui, presque au même instant
» que je l'ai reçue, nous peignoient Paris plongé dans les
» plus grands malheurs, m'avoient ôté le courage et l'envie
» de penser à des choses amusantes.

» A présent que le tout a pris, comme on nous fait
» croire, une tournure moins défavorable, et que les mêmes
» nouvelles nous donnent l'espoir d'une heureuse fin, on
» peut recommencer à parler de Poésie et de Musique.

» Ce qui m'a empêché donc, Monsieur, de répondre, à
» son tems, à ce que vous desiriez, a été une combinaison
» de choses très-inattendues, dont les principales sont les
suivantes.

» L'Empereur avoit fait congédier, pour cette année, l'O-
» péra Italien, qui depuis sept ans se trouve au Théâtre
» de la Cour. Comptant sur ce changement, qui devoit
» avoir lieu après le Carnaval passé, je croyais pouvoir
» me mettre entièrement à travailler sur votre Poëme :
» mais, quelque-tems après l'ordre de l'Empereur, les
» Seigneurs de la Cour, amateurs de ce Spectacle, sont
» parvenus à faire changer S. M. de résolution, et, par
» conséquent, mon projet fut déconcerté, parce que je
» dois rester toujours a la direction de ce Spectacle, qui
» me tient extrêmement occupé. Malgré cela, comme
» j'avois trouvé le tems de mettre en Musique le premier
» Acte de votre Poëme (à la réserve de quelques mor-
» ceaux sur lesquels nous parlerons à meilleure epoque)
» et de penser aussi par intervalle à quelques scènes de
» la même pièce, j'allois, dans le mois de Mai dernier,
» vous écrire quelque chose sur ce particulier, et vous
» demander votre conseil, au même tems, sur une chose
» que, des personnes instruites des affaires de l'Acadé-
» mie Royale de Musique, m'avoient mandé de Paris,
» c'est-à-dire, que votre Poëme ne seroit pas reçu faci-
» lement à l'Opéra pour la représentation, à cause des

» dépenses exorbitantes qu'il coûteroit à la Direction.
» Lorsque donc je me mettois à commencer ma lettre, » il m'en arrive une de M. Lasalle, Secrétaire de la même » Académie Royale de Musique, dans laquelle il me » propose un Poëme intitulé le *Troubadour*, pièce d'un » d'un genre facile. J'ai dit alors à moi-même : voilà » à-peu-près la même chose qui m'est arrivée pour *Tarare*. Il faut que vous sachiez que j'ai tenu dans les » mains le Poëme de Tarare plus d'un an, quand un de » mes amis (qui me parloit toujours alors sur les difficultés que j'aurois à surmonter pour mettre en Musique » ce Poëme et pour le faire jouer à l'Opéra) me donna le » projet d'écrire premièrement *les Horaces*, et me promit de » trouver le moyen de faire représenter très-facilement cet » ouvrage, pour me mettre ainsi à portée de vaincre les obstacles sur Tarare, sans risquer de perdre tout le fruit de » mon téms.

« Voyant, à l'égard de votre Poëme, presque la même combinaison de choses, et le hazard m'offrir à peu près le » même plan pour arriver à mon but, j'ai écrit sur le champ » à monsieur Lasalle, que j'accepterois le *Troubadour* avec » plaisir, et comme il ne me disoit rien de la *Princesse de Babylonne*, supposant qu'il ignoroit que je m'étois » chargé aussi de ce Poëme, je l'ai prié, en m'envoyant » celui qu'il me proposoit, de me dire sincèrement ce que » le Comité de l'Opéra pensoit du vôtre. Voilà, Monsieur, la principale raison qui a retardé si long-tems la » réponse que je vous devois. J'avois cru pouvoir attendre la seconde lettre de M. Lasalle, pour être plus en » état de vous écrire mon dessein, mais, depuis sa première nouvelle sur cette affaire, je n'en ai reçu aucune » autre, et je suis toujours resté sur cette attente.

» Ajoutez à tout cela l'état d'incertitude dans lequel » nous avons été ici, à Vienne, sur la longue et terrible » maladie de l'Empereur, qui, depuis huit mois, ne » commence qu'à présent à nous donner l'espérance, si » non d'une parfaite guérison, du moins d'un rétablissement qui pourra le conserver encor quelques années à » l'amour de ses sujets.

» Vous me demanderez ce que je pense actuellement de » faire ? Je ne saurois vous le dire ; mais en attendant que » les choses, et chez vous et chez nous, se mettent » dans leurs cours ordinaire, nous pouvons toujours » continuer à travailler d'une manière ou de l'autre. De

» votre côté, si vous jugez que votre Poëme, dans les » mains d'un autre compositeur, seroit aux mêmes conditions qu'il est dans les miennes, pour faciliter ou retarder sa mise, vous pourriez, si l'occasion vous vient » de parler à M. Lasalle, lui demander si les difficultés » qu'on suppose du côté de l'Administration pour votre » Poëme existent, et vous informer également si la dernière révolution n'influera pas aussi, en quelque façon » sur le système du grand théâtre. Ce sont des choses dont » je souhaiterois bien d'être instruit, et qu'il ne me seroit » pas inutile de l'être par vous-même.

» Si au contraire vous pensez qu'en chargeant un » autre Maître de Musique, de votre Poëme, les obstacles s'évanouiroient, écrivez-le moi franchement, et » j'y renoncerai pour votre avantage, ou votre plaisir, » mais alors je vous demanderois la permission d'en tenir » une copie, afin de le mettre en Musique pour mon » amusement et mon exercice.

» Après cette explication que mon honnêteté m'oblige » de vous faire, vous êtes en pleine et entière liberté, » Monsieur, de choisir, et même sans empressement, le » parti qui vous conviendra le mieux. Dans tous les cas » soyez persuadé que je me ferai toujours un véritable » plaisir d'être,

MONSIEUR,

Votre très-humble et très-obéissant serviteur,
SALIÉRI.

On voit par cette Lettre, l'estime véritable de M. *Saliéri* pour mon ouvrage, et l'on pense bien que je n'eus garde d'acquiescer à sa proposition de le lui retirer des mains. En supposant que cette coupable idée eut pu se loger un instant dans ma tête, elle en auroit été bien vîte chassée par le souvenir de cette phrase : *J'y renoncerois pour votre avantage ou votre plaisir, mais alors je vous demanderois la permission d'en tenir une copie, afin de le mettre en musique pour mon amusement et mon exercice.* Oui, cette phrase me consoloit de tout ce que le reste de la Lettre me faisoit présager de désagrémens, de dégoûts et de rebufades de la part de l'administration de l'Opéra; mais les vers d'Armide que j'ai cités plus haut n'avoient plus le pouvoir magique d'étouffer mes craintes, et la prédiction de Madame *Saint-Huberti* s'accomplissoit bien véritablement dans ce qui est relatif aux tourmens à souffrir avant d'obtenir la victoire. Fasse le ciel que le triomphe qu'elle m'a assuré devoir succéder aux orages, aux traverses et aux oppositions de mes adversaires, s'accomplisse de même !

Je passe sous silence plusieurs autres lettres de M. *Saliéri* qui n'apprendroient rien de très-intéressant à mes Lecteurs, si ce n'est qu'il a continué de travailler à ma Princesse, autant que ses devoirs et ses occupations, en qualité de Premier Maître de Chapelle de la Cour de Vienne, lui ont permis de le faire, si bien qu'actuellement l'ouvrage est aux trois quarts fait. On verra dans la lettre que je vais produire, avec quelle diligence le peu qui reste à faire seroit achevé, si je parvenois à déjouer bien vîte la cabale que M. *Lasalle* oppose à mes justes réclamations. Hélas ! les Poëtes et les Musiciens seront-ils toujours à la merci de gens illétrés, sans goût, sans connoissance des arts et tels qu'Apollon et les Muses, s'ils étoient consultés, leur refuseroient certainement le titre de *Goujas du Parnasse*. Comme dans peu je vais être obligé de parler, à ces petits Messieurs, le seul langage qui soit à leur portée, voyons avant de les récompenser de leurs frédaines, ce qui a donné lieu à leur escapade ; c'est la Lettre de M. *Saliéri* que voici :

Lettre *de M.* Saliéri *à M.* Martin.

Vienne, le 24 de l'an 1791.

Monsieur,

« Je suis bien mortifié que mon silence vous ait causé de l'inquiétude ; mais que pouvois-je vous écrire, Monsieur, dans l'incertitude où sont les choses qui ont rapport à nos affaires ? j'avois déjà entendu parler de la crainte de voir annéantir votre grand théâtre, et je suis très-content d'apprendre qu'aprésent elle est entièrement dissipée cette crainte ; mais vous voyez, Monsieur, que pour moi, c'est un point bien délicat que de n'être pas sûr de choses qui pourroient, en revenant dans ces circonstances à Paris, tirer à la plus grande conséquence pour

pour mon intérêt (puisqu'il faut pourtant que j'y pense) et même pour mon honneur : car sur quel fondement demander et espérer d'obtenir de ma cour la permission de faire ce voyage? Quelle assurance ai-je sur le tems que je serai donné, et qui m'assure même si je serai donné. Si j'étois à Vienne, maître de mon tems et de moi-même, malgré l'incertitude de tous ces poins, je n'hésiterais pas beaucoup à venir passer cinq a six mois à Paris: peut-être n'aurions-nous pas besoin non plus de ce tems pour faire exécuter notre ouvrage; mais ce *peut-être*, dans ma situation, ce *peut-être* me gêne extrêmement.

Pour ce qui regarde l'avancement de la musique sur notre Princesse, le couronnement de l'Empire, et celui d'Hongrie qui ont eu lieu dernièrement, avec mille autres choses qu'il y a eu à faire avant et après pour le Roi de Naples, m'ont fait perdre beaucoup de tems; nonobstant, ne craignez rien, Monsieur, sur ça, je le regagnerois; mais, encore une fois, il m'est impossible de vous dire quand je serai en état de porter cet ouvrage à Paris, par la raison que j'ai marquée ici près. Outre cela, mettez-vous dans ma situation, Monsieur, examinez attentivement le tout, et vous verrez que la patience est encore indispensable, dumoins de mon côté.

Le petit changement que vous avez fait, sur l'air: *Dieu protecteur de ce rivage*, va beaucoup mieux pour la musique. Quand il vous vient envie d'en faire des changemens, n'ayez aucun égard sur la musique qui puisse être faite, Monsieur; ce qui est avantageux pour le Poëme, ne peut être qu'avantageux pour la Musique, et avec ce principe, je me règle toujours sur la volonté du Poëte. Pour ce que j'ai montré desirer dans mes premières lettres sur ce point, je pense essayer premièrement de mettre en musique le tout comme il est, et après nous examinerons ce qui conviendra le mieux. En attendant, laissons affermir, et passer entièrement tout ce qui est, grace à Dieu, déjà en bon train; il n'y aura plus rien à craindre ni pour l'honneur, ni pour l'intérêt des honnêtes Artistes qui n'aiment que travailler, vivre et laisser vivre paisiblement. J'ai l'honneur d'être,

MONSIEUR,

Votre très-humble et très-obéissant serviteur,

SALIERI.

On ne peut s'empêcher de reconnoître, dans cette lettre, le langage d'un bon cœur, d'une belle ame; et, après l'avoir lue, on demeure convaincu que M. *Salieri* est aussi sincèrement bon Philantrope, aussi excellent Citoyen, qu'il est habile dans son art. J'ai dit que cet homme célèbre, dont la verve est tout-à-la-fois poétique et musicienne, m'avoit indiqué quelques changemens, sur lesquels on voit, par cette dernière lettre, que nous sommes presque d'accord. Voici celui qu'il regardoit comme le plus nécessaire, et sur lequel il est convenu, après examen, qu'il n'y avoit pas même lieu à délibérer.

« L'arrivée D'AMAZAN, m'écrivoit-il un jour, cause » la plus vive sensation, mais lorsqu'il parle du PHŒNIX, » il y a quelque chose de fabuleux, dans le reste de la » scène, qui semble refroidir ce moment délicieux, et » détruire, pour ainsi dire, l'illusion que la Pièce con- » serve merveilleusement jusqu'à cet instant; du moins » c'est l'effet que j'ai senti sur cet endroit.... etc. ».

Réplique. — Nous sommes à l'Opéra, et nous avons besoin du PHŒNIX pour rendre notre dénouement merveilleux, pompeux et brillant, tel, en un mot, que ce théâtre seul le comporte. Or, dans quel endroit de la Pièce pouvons-nous parler plus convenablement du PHOENIX et l'annoncer, en quelque sorte, si ce n'est à l'arrivée du Héros protégé par ce même PHOENIX, qui n'est autre chose que L'AMOUR métamorphosé en oiseau, comme Jupiter s'est plu de l'être en cygne pour séduire Léda, femme de Tyndare. Ici, la métamorphose du PHOENIX a pour but, non un adultère, mais une bonne action: ainsi elle doit être agréable aux spectateurs; d'ailleurs, ne perdons pas de vue que notre sujet, puisé dans l'Histoire ancienne et fabuleuse la plus reculée, tient aussi à la Mythologie, par la formation du Monstre, la prédiction de l'Oracle, au commencement de notre Opéra, et l'apparition de Sérapis à la fin. Faites donc entendre dans le dialogue, entre AMAZAN et FORMOSANTE, les accens de leur reconnoissance bien prononcée pour PHOENIX, et vous verrez que ce dialogue, au lieu d'être froid, acquerra beaucoup de chaleur et d'intérêt, si vous y nuancez adroitement les expressions, les élans de l'amitié et ceux de l'amour.... etc.

Ah! combien il est agréable d'avoir à se mesurer avec un grand homme qui dépose ses couronnes, oublie ses triomphes et sa gloire, pour tâcher de s'instruire encore et de profiter des conseils, que le zèle et l'amour des Beaux-Arts inspirent à ceux qui consacrant leurs loisirs aux Muses, se plaisent à errer, avec elles, sur les montagnes du Pinde et de l'Hélicon. Sans doute je serois coupable d'ingratitude et de lâcheté, si je ne reconnoissois, comme je le dois, les généreux procédés de M. *Salieri*, à mon égard. Aussi, je jure, *par le Styx*, de dévouer tous les momens de loisirs, que me laisseront mes fonctions et mes devoirs, à poursuivre ses persécuteurs, dont le projet ne m'est bien connu que depuis que j'ai reçu la lettre signée *Lasalle*, que je vais rapporter dans un instant.

J'ai dit tout-à-l'heure que c'étoit la lettre du 24 Janvier dernier de M. *Salieri*, qui avoit donné lieu aux terribles balourdises de M. *Lasalle*, et en effet voici l'ordre chronologique des événemens. — Voulant tranquilliser M. *Salieri*, et le guérir de ses incertitudes, peu de jours après avoir reçu sa lettre, j'écrivis à M. *de la Suze*, Président du Comité d'Administration de l'Opéra, à l'effet d'obtenir un jour déterminé pour relire mon Poëme, ne doutant pas, en mon ame et conscience, qu'il ne fut reçu de suite, 1°. parce qu'il étoit inscrit et connu depuis le 16 Mai 1788; 2°. parce qu'alors loin d'être rejetté, il avoit ét accueilli avec une sorte de prédilection; 3°. parce que M. *Salieri*, qui venoit d'obtenir de nouveaux succès à la reprise de TARARE, devoit entrer pour beaucoup dans la délibération du Comité; 4°. parce que l'ouvrage convient au Théâtre pour lequel il a été composé; 5°. enfin, parce que la révolution devoit, ce me semble, avoir purgé l'Administration de l'Opéra de tous ces êtres parasites, dont la nullité, l'apathie et l'ignorance ont mis cet établissement, si précieux pour Paris sur-tout, à deux doigts de sa perte. Mais ni la révolution, ni le respect pour un Etranger qui ne peut défendre ses droits, dans l'objet dont il s'agit, que par lettres ou par mon organe, ni l'intérêt du Public, ni celui de l'Opéra, ni mes offres réelles de réduire l'Ouvrage, pour le rendre plus facile et moins dispendieux à établir, rien de tout cela ne fut pris en considération, et M. *Lasalle* dirigeant adroitement e Comité, d'après les bases qu'il avoit adoptées en 1788, m'écrivit, le 11 Mars 1791, la Lettre qu'on va lire.

Qu'il me soit encore permis de faire quelques réflexions avant de souiller ma plume, en copiant cette lettre. Autrefois, sous l'ancien régime, quand un Auteur étoit éconduit, on étouffoit jusqu'à sa plainte, et il n'avoit pas en sa puissance le moyen dont j'use aujourd'hui. Les Censeurs, la Police y auroient mis bon ordre, et si l'on se fut avisé de faire imprimer à l'Etranger ou dans des presses clandestines, *vîte, vîte, à la Bastille*. Nul doute, par exemple, que M. *Lasalle* n'eût obtenu une belle et bonne *Lettre de cachet* contre moi. 1°. Pour me punir d'avoir eu l'insolence de le démasquer en imprimant sa Lettre. 2°. Pour me récompenser d'un travail de plusieurs mois; très-agréable, à la vérité, mais qui n'en est pas moins le fruit de mes veilles, de mes méditations, et le résultat de très-longues études.

O vous, qui jouissez des dons de la fortune, et qui les employez à soutenir de jeunes Littérateurs, dans leurs premiers essais, engagez-les à publier leurs productions, facilitez leur en les moyens, car rien ne dessèche le génie, comme le silence et l'obscurité. Il vaut mieux une chûte, que de rester dans l'oubli. Cet état flottant d'incertitude devient, à la longue, très-pénible, et produit un grand mal; c'est de concentrer l'esprit et l'imagination sur le même cercle d'idées et d'objets, jusqu'à ce que d'heureuses circonstances qui, quelquefois, n'arrivent jamais, viennent favoriser le pauvre Auteur, lequel vieillit, souvent meurt, précisément au moment que sa réputation commençoit à s'établir.

Les Lectures de Société sont un moyen de se produire dont je ne suis pas très partisan. D'ailleurs, à moins d'être bien faufilé, c'est un honneur qu'il n'est pas très-aisé de se procurer utilement, et, tout bien considéré, ces jugeries sont si souvent cassés par le Public, qu'un jeune homme qui s'y fie, pour débuter, court les plus grands risques d'être trompé dans son attente. Bref, ces arrêts généralement dictés par la jalousie où la partialité, ressemblent trop à ceux de M. *Lasalle*; partant nous allons voir quelle confiance ils méritent.

LETTRE de M. LASALLE à M. MARTIN.

Ce 11, *Mars* 1791.

MONSIEUR,

« Le Comité de l'Opéra me charge de vous dire qu'il » regrette infiniment de ne pouvoir accepter votre Poëme » de LA PRINCESSE DE BABYLONE, attendu que l'intrigue

» en est beaucoup trop simple, et n'offre qu'un intérêt » médiocre: Quelques détails suffiront, à ce qu'il espère, » pour justifier à vos yeux cette assertion.

» Jusqu'à l'arrivée d'*Amazan*, qui n'a lieu qu'au troi- » sième Acte, qu'est-ce qu'on a vu? Des Songes, des » Oracles, des Sacrifices, des *Danses*, (celles-ci fort » déplacées peut-être dans la consternation générale qu'ex- » citent les ravages commis par le monstre); puis l'arri- » vée successive de trois Rois, auxquels on ne s'intéresse » nullement, et dont le premier même, le *Pharaon* d'E- » gypte, ainsi que vous en convenez dans vos Notes, » n'inspire que du mépris! *Amazan* qui survient, n'est » qu'un quatrième concurrent, dont l'apparition ne pro- » duit pas l'effet qu'on pourroit en attendre. Seulement, » comme il est aimé de la Princesse, on désire qu'il ter- » rasse le monstre; et suivant la marche ordinaire de ces » sortes d'inventions, on prévoit facilement que ce sera » lui qui triomphera. Son arrivée, si l'un des trois Rois » avoit déjà remporté quelques avantages, donneroit de » l'intérêt à l'action; mais il n'en est rien. Cette action, » prolongée dans quatre Actes, tend uniquement à délivrer » Babylone d'un monstre; et elle marche à ce but sans » obstacle bien allarmant pour *Formosante*, si ce n'est au » quatrième Acte, quand elle croit un instant, sur le récit » d'un Officier, que le Roi des Scythes est vainqueur. Cet » instant, convenez-en, Monsieur, est le seul qui pour- » roit affecter les Spectateurs, le seul qui fasse situation; » encore est-il de si peu de durée, qu'il ne feroit guères » qu'effleurer le cœur, resté froid pendant tout le reste » de l'Opéra, excepté peut-être dans les deux premières » Scènes du quatrième Acte, entre *Formosante* et *Irla*, » et entre cette Princesse et *Amazan*; car dès la sui- » vante, ces Amans se livrent à l'espérance d'être unis; » et on ne craint presque plus rien pour eux.

» Tout se passe dans les autres Scènes, sans exception, » en cérémonie, en Marches et en *Récits* et qui, quoique » coupés, paroissent peu convenir au Théâtre Lyrique.

» Cet Ouvrage étant malheureusement dépourvu de situa- » tions, il ne resteroit que la ressource du Spectacle pour » le faire valoir; et croyez, Monsieur, d'après le témoi- » gnage général du Comité, fondé sur une connoissance » certaine de ce qui existe dans ses magasins, qu'il exigeroit » une très-grande dépense, sur-tout en habillemens. On ne » pourroit se dispenser de l'établir avec tout le luxe que

» comporte l'arrivée de trois Souverains, qui étalent à » l'envi leur magnificence ; et il seroit très-douteux, malgré cela, que cet Ouvrage réussît dans un tems, où les » Auteurs qui travaillent pour le Théâtre Lyrique, doivent plus que jamais s'appliquer à suivre ce précepte » de Despréaux :

» Que dans tous vos discours la passion émue,
» Aille chercher le cœur, l'échauffe et le remue.

» J'ai l'honneur d'être avec la plus grande considé» ration,

» Monsieur,

» Votre très-humble et très-
» obéissant serviteur,
» LASALLE (*).

J'ai tout autant de considération pour M. *Lasalle*, qu'il veut bien en avoir pour moi ; néanmoins on ne s'étonnera pas que j'en aie davantage pour l'illustre Artiste, qui, semblable à Pigmalion, par la seule puissance de son génie, anime et vivifie ma PRINCESSE. Oui, lui seul saura la rendre immortelle, si je parviens à étouffer les serpens venimeux, dont l'envie et la jalousie cherchent à nous embarrasser. Mon sang bout et s'allume aux flambeaux funèbres dont je vois déjà le cercueil de ma PRINCESSE environné. Grands Dieux !

Je vois avec *Lasalle* approcher le trépas,
Que ces tristes apprêts pour son cœur ont d'appas !
Un linceuil, des flambeaux, des crêpes, une bière,
Tout lui dit que par lui couché sous une pierre,
Je vais dormir en paix dans la nuit du tombeau.
O Mort ! tu rends ce jour de mes jours le plus beau !
Qu'avec plaisir pour toi j'abandonne une vie
Qui d'un calme parfait pour jamais est suivie !
J'admire avec transport ton palais éternel ;

(*) *Observons d'abord que si cette lettre étoit bien véritablement du comité de l'Opéra, ou seulement avouée par lui, son Président n'auroit pas manqué de la signer; car il n'auroit pas pu s'en dispenser ; cependant nous n'y voyons que la griffe de M. le Secrétaire. . . Peut-on, en y réfléchissant un peu, ne pas reconnoître quelles obligations j'ai à M. le Secrétaire, de vouloir bien cumuler ainsi en ma faveur, tous les pouvoirs, sur sa tête. . . . . etc.*

C'en est fait ! je succombe, ... et deviens immortel !
Conduis-moi sous ton ombre, en ces vastes demeures,
Où l'on ne compte plus ni les jours ni les heures :
Montre-moi cette faulx redoutable aux humains,
Et daigne quelquefois la remettre en mes mains !
Par elle, désormais saintement homicide,
De tes heureux desseins je puis être le guide.
Ah ! ce tranchant acier rallume mes fureurs,
Moissonnons les mortels, prévenons leurs malheurs,
Précipitons nos coups ; que ta Grotte profonde
Rassemble par mes soins les Citoyens du monde . . . . .

La Déesse, à ces mots, vers moi porte ses pas,
Elle ouvre mon tombeau, me serre dans ses bras ;
Soudain tous les poisons circulent dans mes veines ;
Je parcours en tremblant ses immenses domaines :
La Salle et ses cyprès sont tout ce que je vois !
A cet horrible aspect . . . je . . je . . . .

Il ne me souvient plus de ce que je fis, ni de ce que je devins, tant mon délire fut terrible ! voilà pourtant, Citoyens, dans quel état affreux j'ai vécu, et la nuit et le jour, depuis que l'extrait mortuaire de la Princesse, mon auguste Fille, m'a été remis de la part de son Meurtrier. Ah !

Dans son sang précieux il faut que je me noie,
Je meurs. *

Mais non, pas encore ; des sombres bords je l'entends s'écrier, ah ! mon Père, mon cher Père, mon cher petit Papa,

. . . . Reprenez vos esprits,
D'une injuste terreur tous vos sens sont surpris. **

--- Tu crois Mon Enfant ? --- Mais, mon Papa, quand je vous dis que j'en suis sure. ---

Ah ! ma Fille, pour toi ma tendresse est extrême.
Hélas ! quand du destin tu vas subir la loi,
Puisse-tu rencontrer un cœur digne de toi ! ***

---

* *Voyez ci-devant page* 29.
** ---- *id.* ---- *page* 30.
*** ---- *id.* ---- *page* 7.

Ce qui me console un peu ; c'est que maintenant nous sommes certains qu'à coup-sur ce ne sera pas celui de M. le Secrétaire, le seul homme au monde qui puisse l'avoir assez noir, assez pervers pour avoir osé former le complot de t'assassiner. Allons, s'il faut renoncer à épurer ce cœur rempli de fiel, empêchons-le au moins de consommer son crime, et détournons de nos têtes ses venins pestilentils. Que nous reproche-t-il pour nous réprouver, et avoir pû parvenir à nous écrasser du poids de la malédiction de nos juges? C'est ce qu'il faut examiner. Relisons donc sa malheureuse Lettre qui n'offre, d'un bout à l'autre, qu'un tissu d'ignorance et de bêtise, mais ce n'est pas notre faute :

» A Monsieur,

» Monsieur Martin, Député du Commerce près » l'Assemblée Nationale, rue Montmartre, n°. 148,

» A Paris.

» Ce 11 *Mars* 1791.

» Monsieur,

» Le Comité de l'Opéra me charge de vous dire qu'il » regrette infiniment de ne pouvoir accepter votre Poëme » de la Princesse de Babylone, attendu que l'intrigue » en est beaucoup trop simple et n'offre qu'un intérat mé- » diocre. Quelques détails suffiront, à ce qu'il espère, » pour justifier à vos yeux cette assértion. »

Eh quoi! de bonne foi, le Comité de l'Opéra pourroit me reprocher que mon *intrigue est beaucoup trop simple*? Non, c'est un blasphême dont il ne peut-être coupable, mais que son Secrétaire a pû seul avoir l'impudeur de proféreret d'écrire. Je suis d'autant plus fondé à excuser le Comité de ce crime de *Lèze-Opèra* au premier chef, qu'à l'époque où le Sieur *Lasalle* ripostoit ainsi, par des inepties, aux bonnes raisons déduites en faveur de mon ouvrage, le Comité de l'Opéra étoit absorbé par une foule d'incidens, de soins et de fatigues multipliés, ayant voulu établir Corisandre en moins de quinze jours, ce qui fut fait. Or, il est notoire que le Sieur *Lasalle*, ou celui qui a tenu la plume pour lui, et peut-être tous deux ensemble se sont coalisés, afin d'étouffer mes réclamations,

avec

avec une apparence de justice ; en parlant effrontément au nom du Comité que, peut-être, ils n'ont pas même consulté ; ou bien s'ils ont pris son avis, ayant eu dix jours mon ouvrage en main, ils l'auront extorqué d'après un faux rapport, suggéré par la cabale et l'esprit de parti, dont je me suis déjà plaint. Oui, cela m'est démontré quand je me souviens, qu'il y a trois ans, le sieur *Lasalle* protégeoit un auteur qui avoit ou devoit traiter le même sujet dont est question. Cela m'est démontré quand je me rappelle l'air contraint, le silence sournois du Sieur *Lasalle* au Comité, tandis que les autres Membres qui y assistoient, me témoignoient ces politesses affectueuses ; j'ai presque dit ces égards, que l'on n'a point pour un pauvre diable d'Auteur, que l'on auroit résolu *in petto* d'éconduire. Ajoutons à ces égards, à ces politesses, l'empressement de savoir si M. *Salieri* étoit bien avancé dans sa besogne ? . . . . Si j'étois bien assuré qu'il eut suivi le plan musical tracé daus mes Notes ? . . . etc. --- Je l'avoue, après ces questions obligeantes, et autres semblables, je ne m'attendois pas à l'Epître du Sieur *Lasalle* ; mais, malgré sa stupidité, continuons de l'analiser, sans humeur, s'il est possible.

Qu'en un lieu, qu'en un jour, un seul fait accompli,
Tienne jusqu'à la fin le Théâtre rempli.

Voilà, M. le Secrétaire, ce que vous devriez avoir appris à l'école, avant de siéger à l'Académie ; et en supposant que vous n'ayez jamais rien appris, au moins aurez-vous entendu citer, en exemple, que pour transporter à l'Opéra, un sujet de Tragédie du Théâtre François, on étoit obligé d'en simplifier l'action au plus simple possible ; or, votre premier reproche, contre mon *intrigue trop simple*, prouve seulement que vous même être trop simple, pour avoir la compétence requise en pareille matière, qui quoique très-simple est encore malheureusment trop compliquée pour votre étroite intelligence. Humiliez-vous donc, Monsieur, prosternez-vous, et écoutez votre arrêt, prononcé par le plus grand juge qui ait jamais existé, en pareille matière. RACINE, dans sa préface de *Bérénice*, s'exprime en ces termes : » Ce qui me plut davantage, de » ce sujet, c'est que je le trouvai extrêmement simple. Il » y avoit long-tems que je voulois essayer si je pourrois » faire une Tragédie avec cette simplicité d'action qui a

» été si fort du goût des anciens. Car c'est un des premiers préceptes qu'ils nous ont laissés. *Que ce que vous » ferez*, dit Horace, *soit toujours simple et ne soit qu'un.* » Et il ne faut point croire que cette règle ne soit fondée » que sur la fantaisie de ceux qui l'ont faite. Il n'y a que » le vraisemblable qui touche dans la Tragédie. Et quelle » vraisemblance y-a-t-il qu'il arrive, en un jour, une multitude de choses qui pourroient à peine arriver en plusieurs semaines? Il y en a qui pensent que cette simplicité est une marque de peu d'invention. Ils ne songent » pas qu'au contraire, toute l'invention consiste à faire » quelque chose de rien, et que tout ce grand nombre » d'incidens a toujours été le refuge des Poëtes qui ne sentoient, dans leur génie, ni assez d'abondance, ni assez » de force, pour attacher durant cinq actes leurs spectateurs, par une action simple, soutenue de la violence » des passions, de la beauté des sentimens, et de l'élégance » de l'expression..... etc ».

Je suis bien éloigné de croire que toutes ces choses se rencontrent dans mon Opéra. Mais aussi je ne puis croire que le public me sache mauvais gré, de lui offrir un ouvrage fondé sur les règles de l'art, et dénigré seulement par deux misérables pédans, à qui on ne peut s'empêcher d'appliquer ces deux vers de M. de Chabanon :

Eh ! l'esprit de parti qui conduit tous leurs pas,
Leur tient lieu pour juger de l'esprit qu'ils n'ont pas !

II. Reproche. --- *Intérêt médiocre !* C'est ce dont je ne puis convenir quand je songe au plan de M. *d'Auvergne*, qui jugeoit cet intérêt assez grand pour fixer l'attention et obtenir les suffrages de la cour ; quand je me rappelle que M. *de la Suze*, s'écria, comme involontairement, après avoir entendu la première lecture de mon Poëme en 1788 ; » On voit le » monstre depuis le commencement de la pièce jusqu'à » la fin ! » Et vous savez, M. le Secrétaire, que le monstre ne paroit pas sur la scène ; or, ce n'est donc que par la pensée qu'on s'intéresse si vivement à cette fiction ? Maintenant, dites-moi qui ébranle les fibres de l'imagination du spectateur, si ce n'est le Poëte qui fait voir pendant quatre grands actes, ce qui pourtant n'existe pas plus en réalité que la bonne foi et le talent, que vous mettez à dénigrer mon ouvrage. — *Intérêt médiocre !* Et l'approbation de M. *Saliéri*, celle de Madame *Saint-Huberti*, celle de tant d'autres personnes qui s'y connoissent au moins autant que M. le Secrétaire ! Mais poursuivons, Monsieur, car c'est un rude supplice que d'être traîné long-tems sur un commentaire aussi plat et aussi vide de sens que le vôtre.

TROISIEME REPROCHE. — « Jusqu'à l'arrivée d'Amazan qui n'a lieu qu'au troisième Acte, qu'est-ce qu'on » a vu ? Des songes, des oracles, des sacrifices, des » danses, (celles-ci fort déplacées peut-être dans la » consternation générale, qu'excitent les ravages commis par le monstre) . . . . » Ah ! respirons, arrêtons-nous avant d'achever cette phrase, car nous serions infailliblement suffoqués par le Méphytisme, si nous risquions de remuer tout à la fois la vase infecte, la bourbe, la fange qui se précipitent, par torrens, de la plume de mon Critique. Dis-moi donc, malheureux ! Tartuffe, dont tu connois si bien le caractère, paroît-il avant le troisième acte ? Et que vois-tu dans les premiers actes d'Athalie, d'Alceste, des deux Iphigénies de Gluck, que vois-tu qui y soit plus remarquable que les songes, les oracles, les sacrifices et les danses ? Reprocheras-tu à Molière la tardive arrivée de son héros, et à Racine, d'achever l'exposition de son chef-d'œuvre, au second acte, par un songe ? Nouveau Midas ! sans doute tu es capable de pareille sottise ; mais tes longues oreilles, tes cris rauques et glapissans, comme ceux des chouettes et des hibous, préserveront de tes séductions les gens de goût qui doivent prononcer sur mon ouvrage. Je le sais, de la nature des reptiles, tu ne recherches par-tout que ce qu'il peut y avoir de mauvais ; et l'insecte qui s'abreuve de sang corrompu, qui ne se nourrit que de cadavres et d'issues d'animaux immondes, ne trouve nul goût, nulle saveur aux fruits et aux fleurs, que la diligente Abeille, analise et distille avec soin, pour en composer ses précieux trésors. Envain je frotte de ce miel, de ce nectar délicieux, ce que tu as touché, pour dissimuler à mes lecteurs l'amertume du calice que tu me fais boire depuis trois ans, jusqu'à la lie, il faut l'épuiser ce calice, et reconnoître de quels poison ta perfidie s'est plu à le remplir.

Revenons aux danses que tu dis être fort déplacées. --- Moi, je les soutiens au contraire, aussi bien amenées que tu dis qu'elles le sont mal. Quand danse-t-on dans mon Opéra? Au premier acte, quand on apprend que Babylone sera sauvée, qu'un héros vient la délivrer du monstre qui, depuis un an, causoit les plus grands ravages. Sans doute c'est le cas ou jamais de se réjouir; et il est plaisant qu'à l'Opéra où l'usage est de danser aux Catafalques, aux Enterremens et même dans les Enfers, il est très-plaisant, dis-je, que M. le Sécrétaire vienne me chicaner sur un pauvre petit rigaudon placé dans l'ordre des convenances, même dans un pays où l'on n'auroit jamais dansé; car alors le passage subit du malheur au bonheur auroit pu électriser les têtes, ébranler les nerfs, produire des convulsions de joie telles qu'il est probable qu'elles eussent abouti à un trémoussement général. Mais, me dira-t-on, vos jeunes Garçons et vos jeunes Filles dansent en parant l'Autel, avant la prédiction dont vous nous parlez? J'en conviens et j'observe que c'est une cérémonie du culte qui ne tire pas plus à conséquence et ne mérite pas plus d'être critiquée que le bon Roi *David*, qui tâchoit de se rendre agréable au Seigneur en dansant devant l'arche. --- Au second Acte, mes Magiciens et Magiciennes dansent, parce que c'est aussi leur usage d'aller par-tout en gambandant comme des fols. D'ailleurs ils se réjouissent d'être arrivés au terme de leur voyage en bonne santé, sans accidens, et, au moment où nous leur voyons faire leurs extravagances, ils ignorent ce qui soudain va changer la joie de leur Pharaon en tristesse. --- On me pardonnera sans-doute de ne pas faire l'apologie du Ballet du troisieme Acte et de celui qui termine l'Ouvrage. Ceux qui auroient oublié ce que ces deux Ballets ont de merveilleux et combien ils sont commandés par le sujet, n'auront qu'à relire les notes 29 et 38 ci-dessus; je n'ai rien à y ajoûter.

Quatrième reproche. --- » On ne s'intéresse nullement à l'arrivée successive des trois Rois, dont le premier même, *le Pharaon d'Egypte*, ainsi que vous en » convenez dans vos notes, n'inspire que du mépris! --- Bravo! bravo! bravissimo! Voilà précisément ce qu'il faut qu'il inspire, voilà ce qu'il est dans Voltaire, méprisable au dernier point; et que l'on remarque bien qu'il y est de plus extrêmement ridicule, qualité dont je n'ai pas dû faire usage à cause de la différence qu'il y a d'un personnage de Tragédie à un Héros de Roman. Comment! sur quatre prétendans à la main de *Formosante*, j'en ai trois valeureux, et il ne me seroit pas permis, pour rehausser leur vaillance, de mettre à côté d'eux un poltron? Mais à quoi servent les méprisables tyrans de Tragédie au Théâtre François, est-ce pour montrer les belles qualités qu'ils n'ont pas, qu'on les met en scène? Ah! M. *Lasalle*; avant d'opiner sur semblable matière, relisez ma note 13 ci-dessus, faites-vous la charitablement expliquer par quelques amis, si vous en avez; et peu à peu vous pourrez apprendre à opiner ou à vous taire, ce qui, à coup sûr, sera encore le mieux que vous puissiez faire. Voyons en attendant le reste de votre griffonage.

Cinquième reproche, -- « Amazan qui survient n'est » qu'un quatrième concurrent dont l'apparition ne produit » pas l'effet qu'on pourroit en attendre. (*) Seulement » comme il est aimé de la Princesse, on desire qu'il terrasse le Monstre, et suivant la marche ordinaire de ces » sortes d'inventions, on prévoit facilement que c'est lui » qui triomphera ». -- Ne prévoit-on pas de même malgré l'altercation entre Agamemnon et Achille, que celui-ci n'en épousera pas moins Iphigenie, d'autant plus sûrement encore qu'Achille n'a point de rivaux favorisés en apparence, par les dieux, comme *Amazan* et cependant la Pièce manque-t-elle d'interêt? -- Les brouilleries de Blaise et Babet au Théâtre Italien, celles de Colin et Colette dans le Devin du Village laissent très-fort deviner qu'avant la fin de la Pièce ces amans se racommoderont; car sans cela il n'y auroit pas de Pièce, l'interêt est-il affoibli quoique le dénouement soit prévu? je ne le crois pas. C'est la manière plus ou moins habile, de filer une intrigue et d'arriver au dénouement qui constitue essentiellement une bonne ou une mauvaise Pièce; mais en fait d'intrigue, si on peut s'en rapporter à Mr *Lasalle*, ce n'est que quand il s'agit de nuire et d'écarter tout auteur qui n'a pas été se prosterner, courber humblement son front devant son illustre seigneurie, dévouée par principes et par une fatale habitude, à toutes les bassesses de l'ancien régime et du despotisme le plus cruel et le plus rafiné.

En voila assez sans doute pour prouver que je puis répondre à tous les sophismes que Mr *Lasalle* et son Ménechme se sont efforcés de trouver pour me déchirer à

(*) *Outre la note 21me. ci-dessus, voyez le sentiment de* M. Salieri, *sur cette arrivée d'Amazan, page 82.*

bellesdents. Mes lecteurs suppléeront aisément à l'analise que je n'ai pas le courage d'achéver. Il leur suffit pour cela, de recourir aux endroits de mes notes qui traitent des mêmes objets que mes lourds antagonistes falsifient, en les composant et décomposant à leur manière. Cependant il y a encore dans le reste de la lettre deux assertions qu'il faut démentir, l'une touchant les cérémonies, marches et récits qui, à entendre l'érudit Secrétaire, sont prodigués dans mon Poëme, au point qu'il n'y a, pour ainsi dire, pas autre chose ; l'autre inculpation est relative à la prétendue nécessité de faire une dépense énorme pour établir l'ouvrage.

Sur le premier fait, une lecture attentive du Poëme suffit pour démontrer la calomnie, d'autant plus avérée que mes marches ne sont pas même indiquées comme processions ; c'est-à-dire, que dans aucune les personnages ne viennent s'aligner sur l'avant-scène, et passer en revue, comme cela se voit à la vérité trop fréquemment à l'Opéra. Mes rois arrivent-ils ? Leurs cortèges restent en place, sans avancer jusqu'à ce qu'ils quittent la scène. Quant à mes récits, j'ai indiqué les coupures à y faire si M. *Saliéri* le juge à propos : de plus, les moyens de les narrer, comme faisant partie du dialogue animé de l'action, sont prévus, mon style étant préparé en conséquence. Ah ! si je ne craignois d'être taxé d'avoir trop d'amour propre, je citerois des récits de mes Confrères les Auteurs vivants ou morts, dont les ouvrages réussissent, quoique le reproche que l'on me fait put leur être appliqué avec bien plus de justesse qu'à moi ; mais ces sortes de rapprochements déplaisent, de la part d'un jeune Auteur qui se loue ainsi, aux dépens des anciens et de ses contemporains. Je ne puis donc éviter à mes Lecteurs la peine de chercher des parallèles, qu'au reste un peu de réflexion leur fera aisément trouver.

Sur le second fait relatif à la dépense des habits, j'ai dit et répété au Comité, qu'on pouvoit faire arriver mes Héros dans le vestibule du Palais, ou bien dans la galerie, au lieu d'une esplanade, et seulement accompagnés des sept Coryphées qui chantent les louanges de *Formosante* au troisième Acte ; alors on épargnera cette dépense si exagérée et tant reprochée. Dans Diden, Yarbe et Enée ont fort peu de suite. Les prétendans de Pénélope n'en ont aucune ; ceux d'Armide, dans l'Opéra de Renaud, sont aussi presque seuls, et *Formosante* au moins digne d'être comeparée pour la modestie, à Pénélope et à Armide, trouvera fort bon que l'on ménage la friperie du magasin de l'Opéra, car il est notoire à quiconque fréquente le spectacle de l'Opéra, que les costumes antiques et ceux de Bergers, dont j'ai besoin, existent; mais sous prétexte qu'il en faudroit de plus exacts ou de neufs, on aime mieux nier l'évidence. C'est ainsi que se conduisent les despotes qui étouffent, à leur gré, les Auteurs dont les productions ne flattent ni leurs passions ni leurs projets criminels.

» Que dans tous vos discours la passion émue,
„ Aille chercer le cœur l'échauffe et le remue,

me dit M. *Lasalle*, en finissant sa lettre. Notez qu'il a eu mon Poëme entre les mains, depuis le jeudi 24 Février 1791, jusqu'au samedi 5 Mars inclusivement; et c'est tout ce qu'il semble avoir retenu des 38 Notes explicatives, dans lesquelles ce conseil de notre Législateur du Parnasse, se trouve à la trente-unième mieux placé sans doute qu'il n'est ici, mais n'importe; si la passion de M. le Secrétaire ne touche pas mon cœur, au moins suis-je forcé de convenir qu'elle a furieusement échauffé et remué mon imagination: cependant, il n'en est pas quitte, et je le poursuivrai lui et ses complices, s'il en a, jusqu'à ce que justice soit faite.

A moi, mes amis! aux armes, aux armes, aux armes! --- Bon! Je vois la phalange des Auteurs embastillés, mutilés, estropiés par les Censeurs de l'ancien régime, je les vois, de tous les points du royaume, sortir des Lazarets et des prisons où des *Lasalle et consorts*, les retenoient charitablement, les fers aux pieds et aux mains. Ils approchent; le rendez-vous général est à l'Opéra; là, avec des grincemens de dents et des convulsions impossibles à décrire, tous se demandent: où est-il, où est-il, ce Midas indomptable?

L'AUTEUR *de la Princesse de Babylone.*

Ciel! de nos ennemis c'est le plus redoutable,
Nos meilleurs Opéra sont tombés sous ses coups,
Rien ne peut résister à sa *bétise* extrême.

TOUS LES SUJETS DE L'OPÉRA.

Ciel! c'est *Lasalle.*

TOUS LES AUTEURS.

C'est lui-meme.

CHOEUR GÉNÉRAL.

Poursuivons jusqu'au trépas
L'ennemi qui nous offense :
Qu'il n'échappe pas
A notre veangeance.

On connoit l'effet prodigieux de ce morceau d'Armide, mis en musique par Gluck. Si, un jour, quand on le chantera, on faisoit venir *Monsieur le Secrétaire* à la barre de l'Orchestre, et que M. le Président, avec son bâton de mesure, l'interpellat comme prévenu d'avoir abusé de sa place, pour 1°. faire de faux rapports, 2°. torturer les Auteurs, 3°. Dénaturer leurs pièces ; et ensuite comme convaincu d'avoir fait réjetter par ces abominables menées, d'excellens ouvrages qui amuseroient le public, ajouteroient aux progrès de l'art dramatique, et feroient plus qu'absorber le *déficit* de l'Académie. . . Hein ! Messire Aliboron, comment trouveriez-vous cette petite cérémonie? Très-plaisante sans doute. On profiteroit de l'occasion pour, en qualité de fonctionnaire public, vous faire prêter votre serment civique, ensuite *amende-honorable*, et il faut convenir que vous en seriez quitte à bon marché. Mais voilà comme nous sommes, nous autres bons Patriotes, nous nous contentons de déjouer les ennemis de la chose publique, de les marquer du sceau du ridicule, de les conspuer, de les pelotter un peu, s'ils sont trop récalcitrans ; et, certes ! quand la liberté de la presse, la coalition des vrais amis de la constitution, la vigilance infatigable des corps administratifs et des gardes nationales ; enfin, quand le serment fédératif prononcé tous les ans, à la même minute, d'un bout de la France à l'autre, assûrent à jamais le triomphe de la liberté, la restauration des droits de l'homme et JUSTICE à tous les citoyens, (*) nous oublions volontiers qu'il existe des êtres acharnés à s'opposer au bien et à troubler par leurs dissonances, l'harmonie universelle ; car envain dardent-ils leurs aiguillons, plus invulnérables qu'Achille, nous saurons tour à la fois et les réduire et leur pardonner. — *Dixi*

Paris, le 16 Avril 1791.

MARTIN.

(*) JUSTICE c'est tout ce que demande.

www.ingramcontent.com/pod-product-compliance
Lightning Source LLC
LaVergne TN
LVHW050540100826
845148LV00002B/625

* 9 7 8 2 0 1 2 6 8 3 3 2 7 *